最初から
ていねいに学ぶ

1分間 九星気学入門

One-minute tips for introduction to 9 Star Ki

石井貴士
Takashi Ishii

太玄社

最初から
ていねいに学ぶ

1分間
九星気学
入門

まえがき

気学を知れば、人生で成功できる！

「一度きりの人生だ。せっかくだから大成功したい！」

誰しも、そう考えたことはあるはずです。

ですが、「どうしたら成功できるか知っていますか？」と聞かれて、「はい。こうすれば成功できますよ」と、すぐに答えられる人は少ないはずです。

私自身、「成功したい」と願いながら生きてきました。

「一流大学に行けば、人生は成功するはずだ」と思って、友達も作らずに、勉強ばかりして中学・高校時代は過ごしました。

その結果、一年浪人して、やっと慶應大学に合格することができました。

しかし、一流大学に行けたからと言って、一流の会社に就職できるわけでも、成功する人生が手に入るわけでもありません。

「そうだ。テレビに出ればいいんだ。テレビに出れば、人生で大ブレイクできるはずだ」と思って、人とほとんど話したことがなかったにもかかわらず、一念発起してアナウンサーを志《こころざ》し、地方局アナウンサーの内定を勝ち取りました。

「アナウンサーになったんだから、これで人生バラ色だぞ」と思ったのですが、そうは問屋《とんや》がおろしませんでした。

アナウンサーになったとはいえ、元々しゃべるのが苦手だったという事実に変わりはなく、プロのアナウンサーとして通用するレベルには、まったく至《いた》らなかったのです。

「このままでは終われない。一発逆転して、大成功するような人生を送りたい」と、アナウンサー時代は悶々《もんもん》と考え込んでいました。

そんな入社四年目のある日のことです。

原宿の竹下通りにある「占い館」で、ひとりの凄腕の占い師に出会ったのです。

彼女は、私にこう言いました。

「あなたは地方運が悪いので、地方にいる限り、何をやっても成功しません。

その代わり、大都市運が抜群にいいので、大都市に来たら成功できます。

東京に出てきたら、あなたはベストセラー作家になって、ビジネスを興《おこ》せば十億円は稼ぐことができるでしょう。

それ以外の都市にいたら、あなたは何をやっても失敗するはずです」

そして、占い師の言うとおりに、会社に辞表を提出して、長野から上京したのです。

忘れもしません。二〇〇二年三月三十一日のことです。

私は、アナウンサーとしてのキャリアよりも、占い師の言うことを信じたのです。

すると、どうでしょう。

作家としての処女作である『オキテ破りの就職活動』（実業之日本社）は、アマゾンランキングで、就職本にもかかわらず、一位を獲得（二〇〇三年十一月十日）。

二〇〇八年に出版した『本当に頭がよくなる1分間勉強法』（中経出版）は、五十七万部を突破し、**年間ベストセラー一位を**獲得したのです（二〇〇九年　ビジネス書日販調べ）。

現在の私はというと、著作は八十冊以上。累計で二〇〇万部を突破しています。

占い師の言うとおり、本当にベストセラー作家になれたのです。

ビジネスも、未経験の状態からスタートして、初年度の年商が三〇〇〇万円、二年目が八〇〇〇万円、三年目が一億六〇〇〇万円と、着実に十億円への道を歩んでいます。

まさに、占い通りの人生を歩んでいるというわけです。

「それは、石井先生だからうまくいっただけで、私も同じようになれるとは到底思えません！」という方もいるはずです。

いいえ、あなたは知らないだけなのです。

この「九星気学」という素晴らしいメソッドを。

そして、あなたも、私と同じ知識を持つことができれば、私と同じことが、人生においてきっと起こることを。

九星気学でできる開運術

九星気学を学ぶと、主に次の三つのことができるようになります。

1. 自分の資質を知ることができる（一白水星・二黒土星・三碧木星・四緑木星・五黄土星・六白金星・七赤金星・八白土星・九紫火星のそれぞれについて、特性を知ることができる）

2. 相性を占うことができる（自分の九星と、相手の九星から、相性診断ができる）

3. 吉方位を観ることができる（自分の九星の場合は、何年何月に、どの方位に引っ越しをすれば成功できるのかを知ることができる）

多くの人は、九星気学を「私は九紫火星だから、派手なタイプね」といった自分の性格を観て楽しむことに使ったり、「私の彼は一白水星だから、私との相性はよくないわ」といった相性診断に使っています。

多くの九星気学の本に書いてあることも、「まず、あなたの九星はどれかを知りましょう。あなたは、こういう人ですね。好きな彼との相性はこうです」ということばかりです。

しかし、この本は違います。

私がこの本で一番言いたいことは、1や2ではなく、3の「吉方位」が算出できるようになる、つまり、「どの方位に引っ越せば成功できるかを知るため」の九星気学についてなのです。

「吉方位を取ることが、それほど重要なの？」と思った方もいるでしょう。

古くは、「方違え《かたたが》」と言って、『徒然草』の作者の吉田兼好も、運勢がよくなるように何度も引っ越しをしていたほど、方位は重要です。

吉方位取りとは、**「どこに引っ越せば成功するか？」**という考え方です。

「努力すれば成功するはずだ」という考え方が、常識的には正しいと思う人は多いでしょう。


ですが、よく考えてみてください。

努力をしても、試験に落ちる人もいれば、試験に受かる人もいます。

努力をしても、儲かる社長もいれば、儲からない社長もいます。

成功するためには、努力だけではない、プラスアルファが必要不可欠だということに、人生のどこかで気づく必要があるのです。

そのプラスアルファこそ「方位」であるというのが、吉方位取りの発想です。

「吉の方位に引っ越せば成功できる」という考え方を、素直に受け入れられない方もいるかもしれません。

「成功は努力で決まる」という考え方があるなら、「成功は方位で決まる」という考え方が世の中に存在してもおかしくないはずです。

九紫火星の私は、二〇〇二年の三月に、長野県長野市から東京都新宿区に引っ越しました。

つまり、南西への吉方位に引っ越したのです。これによって私は、ベストセラー作家になれたというわけです。吉方位を取ることがなぜ重要なのか少しはおわかりいただけたでしょうか。

また、占い師から、「二〇〇五年の五月に、北東に引っ越すと売上げが上がります」と言われて、事務所を構えることを、軽い気持ちで決めました。

私は地図に定規でラインを引いて、北東にある物件を見つけ、家賃十一万円のワンルームマンションを事務所として借りました。

すると、どうでしょう。

それまでは月商五〇〇万円、五〇〇万円、五〇〇万円と来ていたところが、二〇〇五年五月から、月商一〇〇〇万円、一〇〇〇万円、一〇〇〇万円と、売上げが倍増したのです。

家賃十一万円の投資で、毎月五〇〇万円以上の売上げ増になったのです。

その後、年間ベストセラー一位を獲得した『本当に頭がよくなる1分間勉強法』を書き上げたのも、このワンルームマンションです。

その後、二〇一〇年五月に、財産を安定させる方位である北に、引っ越しをしました。

すると、まさにその五月に初デートをした女性と、食事をしてたったの十分《じゅっぷん》で「結婚しよう」ということになり、九月に結納、十月に入籍、十一月に挙式とトントン拍子に事が進みました。

そして、二〇一二年には、待望の長男も授かることができました。

吉方位取りをすることで、結婚相手が現れ、財産を相続するための長男も生まれたというわけです。

これが、吉方位取りの威力です。

もちろん、九星気学で自分の資質や相性占いをするのもとても大切でよいことだと思いますが、私は成功するための占いとして、九星気学を利用することをお勧めしたいのです。

なぜなら、努力でもなく、生まれつきの才能とも関係なく、ただ、「吉方位」に引っ越すだけで、成功できるからです。

これほど楽な成功法則は、ほかにはないはずです。

別に、「家賃三十万円の家に引っ越せ」「一億円の豪邸を建てろ」と言っているわけではありません。

「家賃は安くても、あなたの九星にとってのいい時期に、いい方位に引っ越せばいい」ただそれだけのことが、吉方位取りなのです。

これほどすごいメソッドが存在するというのに、使っている方は、ごく一部に限られています。


「お金持ちになりたいんです」

「あなたの九星は一白水星なので、○年の○月に、北東に引っ越してください」

「結婚相手を見つけたいんです」

「あなたの九星は、三碧木星なので、○年の○月に、南東へ引っ越してください」

「体の調子が悪いのですが、どうしたらよくなりますか？」

「あなたの九星は五黄土星なので、○年の○月に、南に引っ越してください」

というのが、吉方位取りです。

これなら、あなたもできるはずです。

九星気学を、成功するために特化して使う。

これが、石井流の九星気学の使い方です。

「そうか。九星気学というものがあるんだな」と知っているだけでは、あなたの人生は変わりません。

「よし、九星気学を使って、吉方位に引っ越しをするぞ。一度きりの人生で成功するぞ」

と、実際に行動を起こす人が、成功をつかむことができるのです。

あなたの成功は、目の前にあります。

あとは、行動を起こすかどうか、だけです。

一度きりの人生です。

ならば、九星気学を使って、あなたの人生をガラリと変えてみませんか？

最初の一歩を踏み出せば、あなたも成功を手に入れることができるのです。

最初からていねいに学ぶ　1分間九星気学入門――目次

まえがき――i

序章
気学とは何か

気学は、日本発祥の占いメソッドである……002
生まれた時間・場所がわからなくても九星は出せる！……003
気学が発生した歴史の順番通りに学ばないと、気学はマスターできない……005

第1章
気学は、どのようにして発生したのか

易は三聖を経《へ》たり……008

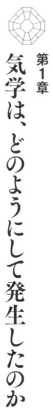

「八卦《はっか》」の意味を知ることで、九星気学がやっと理解できる……010
易に太極あり。これ両儀を生じ、両儀は四象を生じ、四象は八卦を生ず……011
八卦《はっか》を暗記しよう……014
先天八卦盤と後天八卦盤の違いを知っておこう……016
先天八卦盤は、八卦の作用から考えられた盤面である……017
後天八卦盤は、九星気学でも使う、実用的な盤面である……019
宮位も、そのまま同じ場所になる……021
河図《かと》と数理《すうり》……023
亀の背中の図が、「洛書《らくしょ》」である……025

第2章 陰陽五行説

陰陽五行説は、陰陽説と五行説から、成り立っている……030

五行には、相生《そうしょう》、相剋《そうこく》、比和《ひわ》の三つの関係が存在する……032
相生《そうしょう》は、相手を生じる関係のことである……033
相剋《そうこく》は、相手を剋す関係のことである……034
比和《ひわ》は、同じ性質のもののことである……035
生気《せいき》・洩気《えいき》、殺気《さっき》・死気《しき》の関係も覚えよう……036

第3章 十干と十二支

十干を、読めるようになろう……042
十二支は、十干よりも簡単である……044
支合《しごう》、三合《さんごう》、冲《ちゅう》は、マスターしておこう……046
支合は、六通りある……047
三合《さんごう》は、四パターンだけである……049

冲は、凶と解釈する……052
六十干支《ろくじっかんし》は、陽と陽、陰と陰で組み合わさってできる……054

第4章　自分の九星の出し方

九星の色を覚えよう……058
九星は、回座《かいざ》する……060
数字の順番には、隠遁《いんとん》と陽遁《ようとん》が存在する……063
自分の九星（本命星）の出し方を、マスターしよう……064
本命星を出すときには二つのパターンがある……066
月の九星（月命星）の出し方……074
コラム　月の切り替わりを尋ねてみよう……079

第5章
九星の象意を知る

数字の順番ではなく、方位から覚える …… 086
九紫火星《きゅうしかせい》は、南で、火だから、派手好き …… 090
一白水星《いっぱくすいせい》 …… 094
三碧木星《さんぺきもくせい》 …… 097
四緑木星《しろくもくせい》 …… 099
六白金星《ろっぱくきんせい》 …… 100
七赤金星《しちせききんせい》 …… 102
二黒土星《にこくどせい》 …… 104
五黄土星《ごおうどせい》 …… 107
八白土星《はっぱくどせい》 …… 109

九星の全体イメージを、改めてつかもう……111

第6章 実践編Ⅰ　傾斜法

気学の奥義は、傾斜法、同会法、吉方位取りの三つである……116
傾斜法では、性格診断と相性診断の二つができる……117
傾斜の算出法……118
傾斜には、中宮傾斜と、八つの傾斜パターンがある……119
中宮傾斜の場合は、裏の卦を取る……122
年の九星は「外面」で、傾斜宮では「内面」がわかる……125
離宮傾斜の人……128
坎宮傾斜の人……129
巽宮傾斜の人……130

震宮傾斜の人 131
乾宮傾斜の人 132
兌宮傾斜の人 133
坤宮傾斜の人 134
艮宮傾斜の人 135
中宮傾斜の人 136
相性診断で、傾斜法を使う 137
コラム　年の九星、月の九星、傾斜法まで、算出してみよう 140

第7章
実践編Ⅱ　同会法

同会法は、二つの盤面を重ねる技法である 144
同会法では、大きな盤の上に、小さな盤を乗せる 148

第8章 実践編Ⅲ　吉方位取り

最終奥義である吉方位取りをマスターしよう …… 150
吉方位と凶方位 …… 154
最大吉方位の出し方 …… 158
六大剋気（凶殺）を知ることで、凶方位を避けられる …… 159
五黄殺《ごおうさつ》 …… 160
暗剣殺《あんけんさつ》 …… 161
本命殺《ほんめいさつ》 …… 162
本命的殺《ほんめいてきさつ》 …… 162
歳破《さいは》（歳破殺） …… 163
月破《げっぱ》（月破殺） …… 164

小児殺は、存在だけ知っておこう……167
土用殺は、年に四回ある！……168
吉方位の算出法……169
向こう十年の引っ越し日を知っておこう……176
方位は、東西南北は30度、それ以外は60度で取る……179
方位の効能を知る……180

あとがき——184
参考文献——190

序　章

気学とは何か

気学は、日本発祥の占いメソッドである

九星気学は、陰陽五行説《いんようごぎょうせつ》（木《もっ》・火《か》・土《ど》・金《ごん》・水《すい》）をベースにした、占い手法です。九星《きゅうせい》と呼ばれる、九つの星を使って占うのが特徴です。

九星とは、一白水星・二黒土星・三碧木星・四緑木星・五黄土星・六白金星・七赤金星・八白土星・九紫火星のことです。

もちろん架空の星で、実際の天体には、九つの星は存在しません。

「これほど当たる占いならば、歴史は相当古いのでは？」と思うかもしれません。ですが、九星気学ができたのは、明治四二年のことです。

創設者は、園田真次郎《そのだしんじろう》（一八七六～一九六一）先生です。

意外な方も多いかもしれませんが、九星気学は中国発祥の占いではなく、日本発祥

の占いで、「日本独自の占い」なのです。

そのため、日本国内でのみ流行しているため、中国・台湾では、まったくと言っていいほど知られていないのが九星気学です。

では、外国人にとっては当たらないのか？　日本生まれの人ではないと当たらないのか？　というと、そんなことはありません。

地球上のどこに生まれた人でも当たるという占いが、九星気学なのです。

生まれた時間・場所がわからなくても九星は出せる！

西洋占星術では、生まれた時間と、生まれた場所が重要です。

というのも、東京で生まれた場合と、ブラジルで生まれた場合では、北半球と南半球が違ってくるために、生まれた瞬間の「惑星の天体配置」が変わってくるからです。

一応、生まれた時間がわからなくても、出せることは出せますが、「ハウス」というものに関しては、算出できなくなるのが、西洋占星術です。

四柱推命《しちゅうすいめい》も、生まれた時間がわからないと、算出できません。

四柱とは、生まれた年、生まれた月、生まれた日、生まれた時間の四つの柱を指します。生まれた年、生まれた月、生まれた日だけで占うのは、「三柱推命《さんちゅうすいめい》」になってしまうので、占いの精度が落ちてしまうというわけです。

占いに興味が持てないという方の中に、「母子手帳をなくしてしまって、生まれた時間がわからない」方も多いです。

西洋占星術も、四柱推命もやりたいのに、自分の生まれた時間がわからないので、やる気をなくしてしまったという方に、何人も会ったことがあります。

そんななか、九星気学は、生まれた年、月、日がわかれば、出すことができます。

日本で生まれても、ブラジルで生まれても、算出できます。

北海道生まれも、沖縄生まれも変わらず九星が出せるのが、九星気学のメリットなのです。

気学が発生した歴史の順番通りに学ばないと、気学はマスターできない

では、気学がどのようにして作られていったのでしょうか。

気学の歴史を、ひも解いていきます。

「歴史なんて、どうでもいい。てっとり早く、自分はどの方位に引っ越しをすれば成功できるのかを知りたい」という方もいるかもしれません。

ですが、気学は、気学が生まれた背景を知らないと、理解できないのです。

逆に言えば、多くの方は、自分の九星にだけは興味があるが、ほかの星には興味がなかったりするために、成功するために九星気学を使えていないというのが現状です。

この本では、きちんと歴史通りに、順を追って説明していくことで、あなたの心に九星気学をインストールしていきます。

九星の意味が腑に落ちて初めて、きちんと吉方位取りができるようになるからです。

私自身、九星気学を勉強したいと思って、一〇年以上も挫折し続けていました。

市販の本を読んでも、意味がさっぱりわからなかったのです。

「どうして九紫火星が派手なのか？」という理由がわからなくて、先へ進めなかったりしたのです。

結局、九星気学の成り立ちの順番通りに学習したことで、やっと理解できるようになりました。

いきなり九星の意味を知ろうとするのではなく、気学が発生していった順番通りに勉強しないとわからないのが、九星気学です。

この本では、ほかの本で挫折した方も、すんなり九星気学がマスターできるように、勉強する順番にこだわって執筆しています。

あなたにもついに、九星気学を心の底から理解する日がやってきたのです。

第1章

気学は、どのようにして発生したのか

易は三聖を経《へ》たり

まず、中国の易《えき》（別名「周易《しゅうえき》」）という占いが、根本中の根本です。
四〇〇〇年の歴史がある占いが、易です。

では、易は誰によって作成されたのか？　というと、「三聖《さんせい》」（三人の大天才）によって作成されました。

まず、「伏羲《ふっき》」という人物が、八卦《はっか》と六十四卦《ろくじゅうよんか》を作りました。
「伏羲《ふっき》」は、伝説上の存在だとも言われていて、上半身が女性で、下半身が蛇であるという人物です。

その後、（紀元前一一〇〇年ごろ）周の文王《ぶんおう》が卦辞《かじ》（64）を書き、息子の周公旦《しゅうこうたん》が爻辞《こうじ》（384）を書きました（卦辞《かじ》・爻辞《こうじ》に関しては、『1分間易入門』（パブラボ）を参考にしてください）。

そして、孔子《こうし》（前五五一〜四七九年）が易を完成させたのです。孔子と言う人物は、『論語』の作者でもあり、『易経《えききょう》』の作者でもあります。

この三人の大賢人（文王と周公旦《しゅうこうたん》は、親子なので一人とカウント）によって作成されたことから、「易は三聖を経《へ》たり」と言われているのです。四〇〇〇年前に元型が作られ、二五〇〇年前に完成したのが、易です。

この易の思想が、東洋占いの源流になっているため、易の知識が前提としてないと、話が進まないのが九星気学です。

「八卦《はっか》」の意味を知ることで、九星気学がやっと理解できる

易には、「八卦《はっか》」が存在します。

「当たるも八卦、当たらぬも八卦」の八卦です。

「はっけ」ではなく、「はっか」と読みます。

今では、「占いは当たることもあれば、当たらないこともある」という意味で使われていますが、本当の意味は、違います。

「君子が用いれば、必ず当たるのが八卦（占い）だが、小人（つまらぬ者）が用いれば、当たらないのが八卦（占い）である」という意味です。

「占いは、君子が用いれば一〇〇%当たるよ」という本来の意味が、現代では、違う意味に変わっているというだけです。

意味が変わって使われているとはいえ、二五〇〇年前の言葉が、現代でも残ってい

るということが、真理を伝える「易」のすごさだと言えるでしょう。

さて、この「八卦《はっか》」の意味がわからないと、九星気学は理解できるようにはなりません。

「八卦《はっか》」の意味を知るには、「八卦《はっか》」の成り立ちを知らないといけないので「八卦《はっか》」の成り立ちについて、説明していきます。

易に太極あり。これ両儀を生じ、両儀は四象を生じ、四象は八卦を生ず

13頁の図の一番上にある、一本の横棒が、「太極《たいきょく》」と呼ばれるものです。

「太極《たいきょく》」は、「すべて (the all)」を表しています。

極小でもあり極大でもあり、ゼロでもあり1でもあり、陰でもあり陽でもあるという存在が「太極《たいきょく》」です。

それほどのすごい存在を、この棒一本で表しているというのが、易のすごさです。

太極《たいきょく》は、その後、陽と陰に分かれます。
太極《たいきょく》が、陽と陰に分かれることを、「両儀《りょうぎ》」と言います。
陽は棒一本、陰は真ん中が空いている棒で表されます。

「太極《たいきょく》」が、陽と陰に分かれた(両儀《りょうぎ》)あとは、さらに、陽が二つに分かれ、陰が二つに分かれます。

これを、**「四象《ししょう》」**と言います。

陽は、**「老陽《ろうよう》」**と**「少陰《しょういん》」**に分かれ、陰は**「少陽《しょうよう》」**と**「老陰《ろういん》」**に分かれます。

春夏秋冬で言えば、「老陽《ろうよう》」は夏、「少陰《しょういん》」は春、「少陽《しょうよう》」は秋、「老陰《ろういん》」は冬を表しています。

「易に太極あり。これ両儀を生じ、両儀は四象を生じ、四象は八卦を生ず」
という有名な言葉がありますが、四象が現れた後に、八卦が生まれたのです。

太極から八卦の図

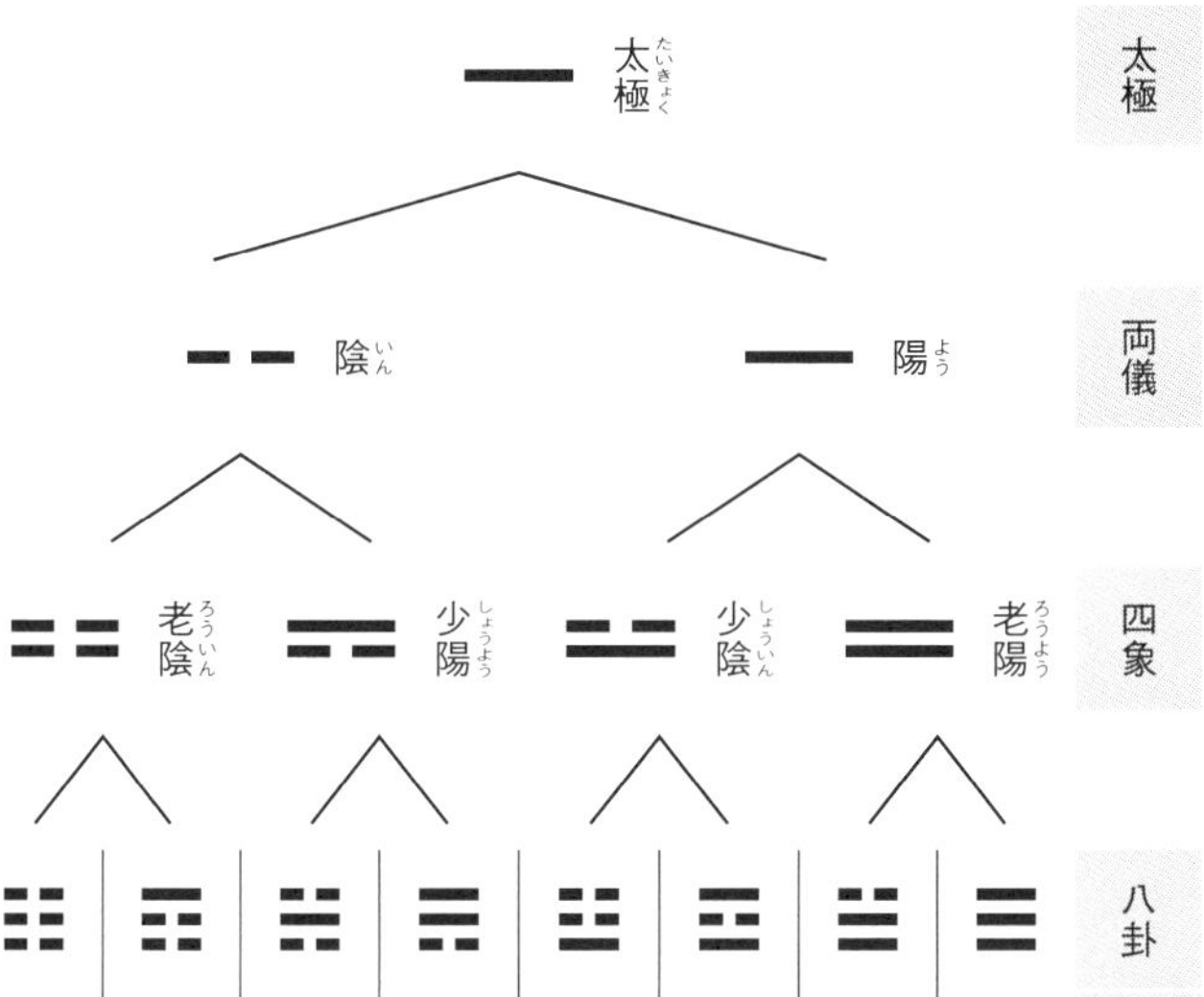

卦名	坤《こん》	艮《ごん》	坎《かん》	巽《そん》	震《しん》	離《り》	兌《だ》	乾《けん》
正象	地《ち》	山《さん》	水《すい》	風《ふう》	雷《らい》	火《か》	沢《たく》	天《てん》
易数	8	7	6	5	4	3	2	1
五行	土	土	水	木	木	火	金	金
キーワード	順《したが》うなり	止《とど》まるなり	陥《おちい》るなり	入《はい》るなり	動《うご》くなり	麗《つ》くなり	悦《えつ》なり	健《けん》なり
人間	母《はは》	少男《しょうなん》	中男《ちゅうなん》	長女《ちょうじょ》	長男《ちょうなん》	中女《ちゅうじょ》	少女《しょうじょ》	父《ちち》

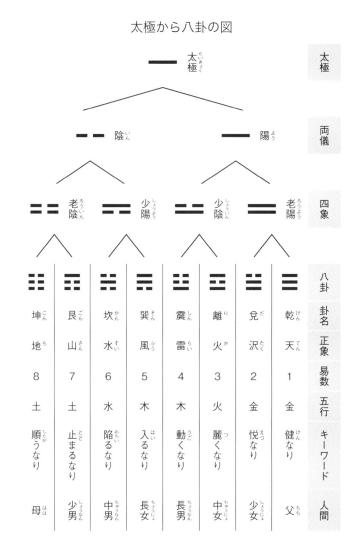

八卦《はっか》を暗記しよう

八卦とは、**乾《けん》・兌《だ》・離《り》・震《しん》・巽《そん》・坎《かん》・艮《ごん》・坤《こん》**のことです。（この八つは**天《てん》・沢《たく》・火《か》・雷《らい》・風《ふう》・水《すい》・山《さん》・地《ち》**に、それぞれイコールの関係で対応しています。つまり、「乾《けん》＝天《てん》」「兌《だ》＝沢《たく》」「離《り》＝火《か》」「震《しん》＝雷《らい》」「巽《そん》＝風《ふう》」「坎《かん》＝水《すい》」「艮《ごん》＝山《さん》」「坤《こん》＝地《ち》」という関係になっています）

この八卦の、**乾《けん》・兌《だ》・離《り》・震《しん》・巽《そん》・坎《かん》・艮《ごん》・坤《こん》**は、いつでも順番通りに言えるようにしておいてください。漢字で書けるようになることも、前提となってきます。

いきなり九星の意味を勉強しても、この八卦《はっか》が読めない、漢字で書けない、順番に言えないとなると、さっぱりわからなくなってしまうので、ここで暗記しておきましょう。

序章 気学とは何か
第１章 気学は、どのようにして発生したのか
第２章 陰陽五行説
第３章 十干と十二支
第４章 自分の九星の出し方
第５章 九星の性質を知る
第６章 実践編Ⅰ 傾斜法
第７章 実践編Ⅱ 同会法
第８章 実践編Ⅲ 吉方位取り

また、この八卦は、すべて家族に対応しています。

家族対応は、必ず覚えておく必要があります。

まず、乾《けん》ですが、これはすべてが陽なので、父を表します。

一方、坤《こん》は、すべてが陰なので、母を表します。

あとは、一つだけ仲間外れを探して、その仲間外れの場所が、一番下ならば、長男・長女、真ん中ならば、中男《ちゅうなん》・中女《ちゅうじょ》（次男・次女）、一番上ならば、少男《しょうなん》・少女《しょうじょ》（末の弟、末の妹）ということになります（易では、下から順番に数えるというルールがあります）。

震《しん》は、一番下だけが陽→長男

巽《そん》は、一番下だけが陰→長女

坎《かん》は、真ん中だけが陽↓中男《ちゅうなん》
離《り》は、真ん中だけが陰↓中女《ちゅうじょ》
艮《ごん》は、一番上だけが陽↓少男《しょうなん》
兌《だ》は、一番上だけが陰↓少女《しょうじょ》

八卦のそれぞれの詳しい意味に関しては、前述した『1分間易入門』（パブラボ）を参考にしていただければ、わかりやすいはずです。

易の概念がわからないと、九星気学の入り口にさえ立てないので、ご理解いただければと思います。

先天八卦盤と後天八卦盤の違いを知っておこう

八卦は、それぞれ、自分の居場所となるべき方位を持っています。

その方位を表したものが、先天八卦盤《せんてんはっかばん》と後天八卦盤《こうてんはっかばん》です。
では、それぞれを観ていきましょう。

先天八卦盤は、八卦の作用から考えられた盤面である

先天八卦盤は、八卦の「作用」から考えられた盤面のことです。「天は尊く、地は卑しくして、乾坤定まる」という言葉もあるように、一番上が天を表す「乾《けん》」、一番下が地を表す「坤《こん》」が置かれました。

気学では、南を上、北を下に取ります。

一般的には方位は北が上のように、当然のように考えられていますが、易の世界や、気学の世界では、南が上になるので、慣れておく必要があります。

なぜ、南が上なのかというと、太陽が一番高く上がるのが南なので、南を上にしたほうがイメージしやすいというのが理由です。

気学に慣れると、逆に、北が上の図のほうに、違和感を覚えるようになるはずです。

先天八卦盤

さて、上の図では、真ん中を挟んで、兌《だ》（沢）と艮《ごん》（山）、震《しん》（雷）と巽《そん》（風）、坎《かん》（水）と離《り》（火）が、対になって座《ざ》しています（場所を取ることを、「座《ざ》す」と言います）。

易の『説卦伝《せっかでん》』という書物に、「天地位《くらい》を定め、山沢《さんたく》気を通じ、雷風相《らいふうあい》いり、水火相《すいかあい》いわずして、八卦相《あい》いわる」という言葉があります。

この言葉から、先天八卦盤ができたとも言われています。

後天八卦盤は、九星気学でも使う、実用的な盤面である

後天八卦盤は、自然界における八卦の働きから、位置が定められています。

また、易経には、「万物は震《しん》に出づ。震《しん》は東方《とうほう》なり。巽《そん》に斉《ととの》う。巽《そん》は南方《なんぽう》なり」という言葉があります。

すべてのものは、震から生ずるので、震は東に定めてくださいという意味です。

太陽は東から昇るので、すべては東から始まるということです。

易経の指示に従ってできたのが、後天八卦盤です。


先天八卦も、後天八卦も、どちらも易経からできたものですが、二つは、まったく関係ない別物だと思ってください。

「そうはいっても、何か関係があるのでは？」と思って、ドツボにはまってしまう方が、どれだけ多いことでしょう。

後天八卦盤

結局、九星気学では、後天八卦しか使わないので、後天八卦盤だけを覚えればいいと思えば、気が楽になれます。

後天八卦盤も、南が上で、北が下になります。

後天八卦盤では、南は、太陽がある方向なので、太陽の燃え盛る炎である離（火）が配置されています（先天八卦盤では、上に天を表す乾があったのとは、対照的です）。

後天八卦盤は、今後、様々なシーンで登場します。
九星気学は、常に後天八卦盤とともにあるのです。

宮位も、そのまま同じ場所になる

後天八卦盤の八卦の場所に、そのまま「宮」をつけたものを、「宮位《きゅうい》」と言います。
「位」は位置の「位」だと考えてください。

離宮《りきゅう》…南
坤宮《こんきゅう》…南西
兌宮《だきゅう》…西
乾宮《けんきゅう》…北西
坎宮《かんきゅう》…北
艮宮《ごんきゅう》…北東

八卦宮位盤《はっかきゅういばん》

巽宮《そんきゅう》	離宮《りきゅう》	坤宮《こんきゅう》
震宮《しんきゅう》	中宮《ちゅうぐう》	兌宮《だきゅう》
艮宮《ごんきゅう》	坎宮《かんきゅう》	乾宮《けんきゅう》

震宮《しんきゅう》…東
巽宮《そんきゅう》…東南
となります。

宮位は、どういう使い方をするかというと、星が入っている位置を表すときに使います。
たとえば、「今年は、東に八白土星が入っていて」ではなく、「今年は震宮に八白土星が入っていて」と表現するのです。

今は違和感があるかもしれませんが、宮位を使った表現のほうが、八卦のそれぞれの意味も一緒に感じることができます。
東よりも「震宮」と言ったほうが、南よりも「離宮」と言ったほうが、いずれはしっくりくるようになっていくのです。

河図《かと》と数理《すうり》

伏羲《ふっき》には、「八卦を作った」という功績もありますが、もう一つ、重要な功績があります。それが「河図《かと》」の発見です。

黄河流域の場所で、頭が「龍」で、体が「馬」である動物が、南へ飛び去りました。

この動物は、頭が「龍」で、体が「馬」なので、「龍馬」と名付けられました。

坂本龍馬の名前のルーツは、ここにあったというわけです。

さて、その龍馬の背中に、渦巻きのような文様が、図のように書いてありました。

この図のことを「河図《かと》」と言います。

龍馬負図《りょうまふず》（河図）

数理

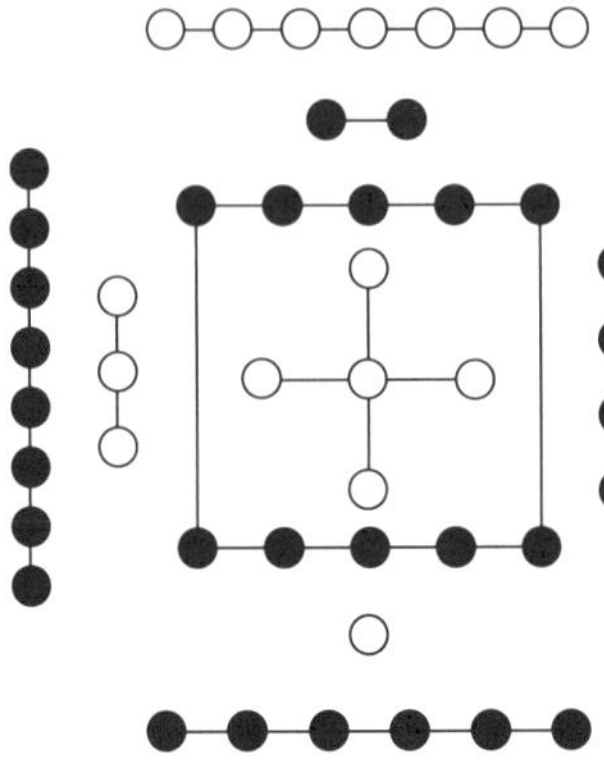

伏羲　天下に王たりしとき、龍馬　河より出でたり。
ついに其の文に則り以て八卦を画けり。
これを河図と謂う。《尚書《しょうしょ》》

という言葉も残っていますが、八卦は、河図を元に作られたものだったのです。

龍馬の体には、北に一、南は二、東は三、西は四、中央には五つ、渦巻き模様がありました。

それぞれに五を加えたものを「数理」と呼び、これをもとに先天八卦図は作られたのです。

亀の背中の図が、「洛書《らくしょ》」である

河図の話は、洛書《らくしょ》の話へとつながります。

二つを合わせて、「河図洛書」という言い方をすることもあります。

さて、伏羲がいた三皇時代から、時代は五帝時代へと移り変わります。

「三皇五帝時代で、五帝の最後の王は誰ですか？」というのは、受験世界史の中国史では、頻出問題です。

答えは、「舜《しゅん》」です。

なぜ、「五帝の最後の王は誰か」という問題だけが出題されるのかというと、最初から四番目までの皇帝は諸説あるのですが、最後の王だけは「舜」であると、異論なく言われているからです。

話題を戻します。

五帝最後の王、「舜」は、「禹《う》」という青年に王位を譲ります。

禹王が、黄河流域で治水工事を行っていると、河《かわ》のなかから、今度は大きな亀が現れました。

この亀の背中に、不思議な突起物が並んでいたのです。

この亀の背中の図のことを、「洛書《らくしょ》」と言います。

この亀の背中の図が、そのまま後天八卦図（後天定位盤《ていいばん》）になったのです。

龍馬は伏羲の時代に現れ、亀は禹の時代に現れ、それぞれ先天八卦、後天八卦を表していたのです。

次頁の図のことを、「後天定位盤」、もしくは、「定位図《ていいず》」と呼びます。

この図は魔方陣《まほうじん》になっていて、縦も横も斜めも、足すと15になっています。

烏亀背書《うきはいしょ》（洛書）

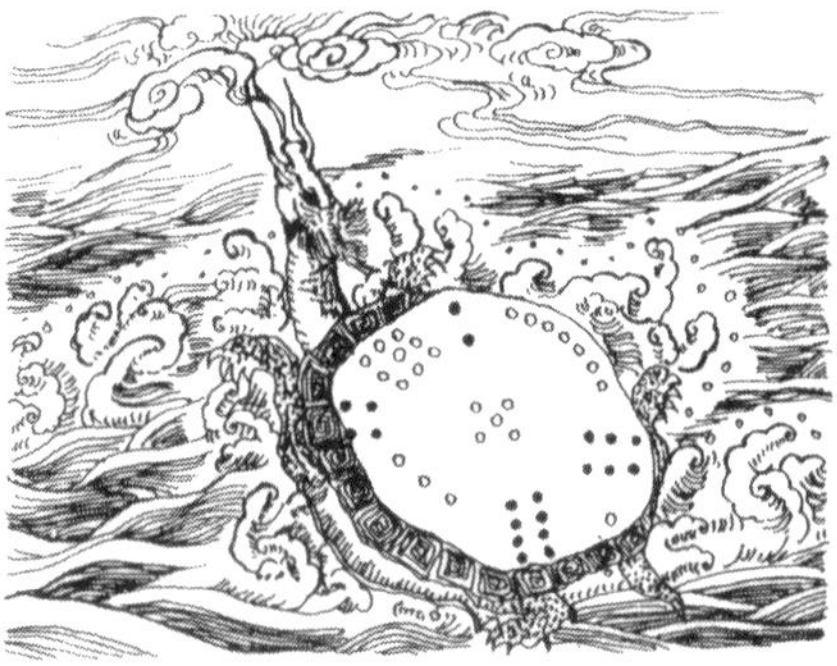

ちなみに、4、9、5、1、6と、2、7、5、3、8は、万字形（卍）で足すとそれぞれ25になります。

覚え方は、上から順番に、「**にくしと思え、しちごさん、ろくいち坊主を蜂がさす**」と覚えます。

この図を知らないと、九星気学で方位を出すことはできなくなりますので、必ずこの図は、いつでも書けるようにしておくことが大切です。

九星気学は、成り立ちの歴史とともに覚えることで、どんどん腑に落ちてくるのです。

後天定位盤

		南		
	4	9	2	
東	3	5	7	西
	8	1	6	
		北		

第2章

陰陽五行説

陰陽五行説は、陰陽説と五行説から、成り立っている

陰陽説というのは、この世は陽と陰で構成されているという考え方のことです。男は陽、女は陰。善と悪、太陽と月、昼と夜のように、陽と陰が存在していると考えたわけです。

女性からは、「どうして女性は陰なんだ！　許せない！」という声も聞こえてきそうですが、東洋占いの思想は「男尊女卑」が基本となる考え方です。

西洋占いは男女平等で、東洋占いは男尊女卑が基本的な考え方です。

こうして考えると、女性が、タロット占いや星座占いといった西洋占いが好きなのは、男女平等という考え方がベースにあるからかもしれませんね。

九星気学は、東洋の占いなので、男性は陽、女性は陰と捉《とら》えますので、ご理解いただけたらと思います。

次に、五行説は、森羅万象《しんらばんしょう》すべてのものは、木《もっ》・火《か》・土《ど》・金《ごん》・水《すい》の五つの元素《げんそ》（エレメント）から成り立っているという考え方です。

西洋では、火・風・土・水の四元素で、世界は構成されていると考えられています。

西洋の「風」は、東洋では「木」の意味の一つになり、東洋の「金」は西洋では「土」の意味の一つになります。

注意点としては、金は、木《もっ》・火《か》・土《ど》・金《ごん》・水《すい》というときだけは「ゴン」と読みますが、それ以外の時は、普通に「キン」と読むということです。

「ゴン」だと八卦のひとつの「艮《ごん》」と、聞き間違えてしまう可能性があるためです。

似ている響きでは、八卦のひとつ、「坤（コン）」があります。

キン……五行の一つの「金」
ゴン……八卦の一つの「艮」
コン……八卦の一つの「坤」

は、混同しやすいので、注意が必要です。

五行には、相生《そうしょう》、相剋《そうこく》、比和《ひわ》の三つの関係が存在する

五行（木《もっ》・火《か》・土《ど》・金《ごん》・水《すい》）には、相生《そうしょう》、相剋《そうこく》、比和《ひわ》という三つの関係が、存在します。

比和とは、木と木、金と金など、同じ気が重なり強まる関係を言います。

まずは、相生・相剋の関係を図に表し、それぞれ説明していくことにします。

相生・相剋の関係

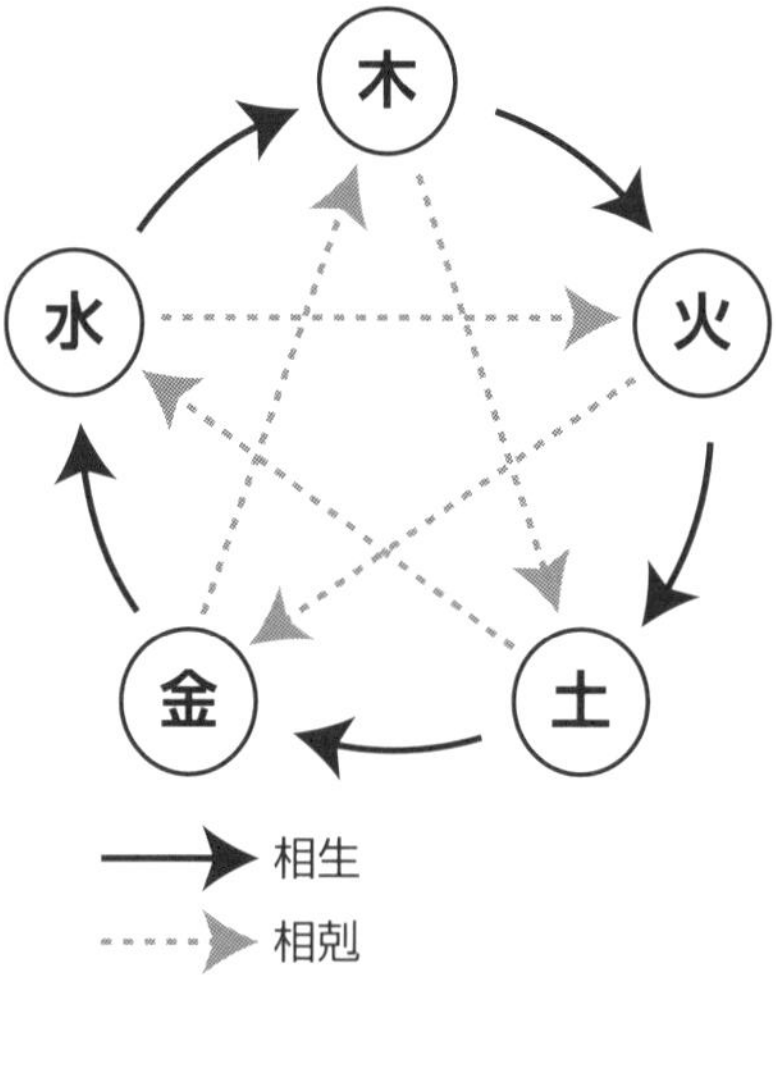

相生《そうしょう》は、相手を生じる関係のことである

まず、相生《そうしょう》からです。

「あいおい」でも「そうせい」でもなく、「そうしょう」と読みます。

相生《そうしょう》は、「相手を生じる関係」を指し、呼び名も、それぞれ五つあります。

木生火《もくしょうか》……木は燃えて、火を生みます。

火生土《かしょうど》……火はモノを燃やして、土を生じます。

土生金《どしょうきん》……土の中から、金（鉱物）が生まれます。

相生図

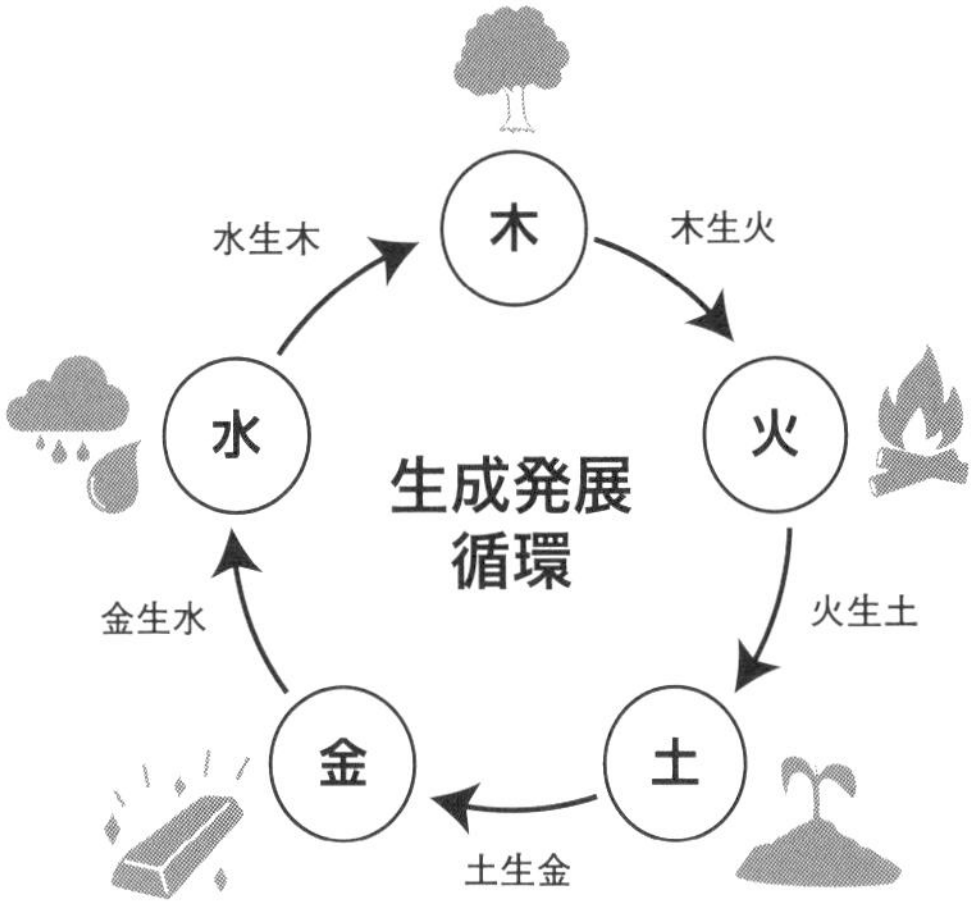

金生水《きんしょうすい》……金属の表面には、冷えて水（水滴）が生じます。
水生木《すいしょうもく》……水は養分となって、木を生じます。

このように、相手を生じる（相手にプラスを与える）関係が、相生《そうしょう》です。

相剋《そうこく》は、相手を剋す関係のことである

相剋《そうこく》は、相手を剋す（やっつける）関係のことで、それぞれ五つあります。

木剋土《もくこくど》……木は、根を地中に張って、土の養分を奪い取る。
土剋水《どこくすい》……土は、水を濁らせる。
水剋火《すいこくか》……水は、火を消す。

相剋図

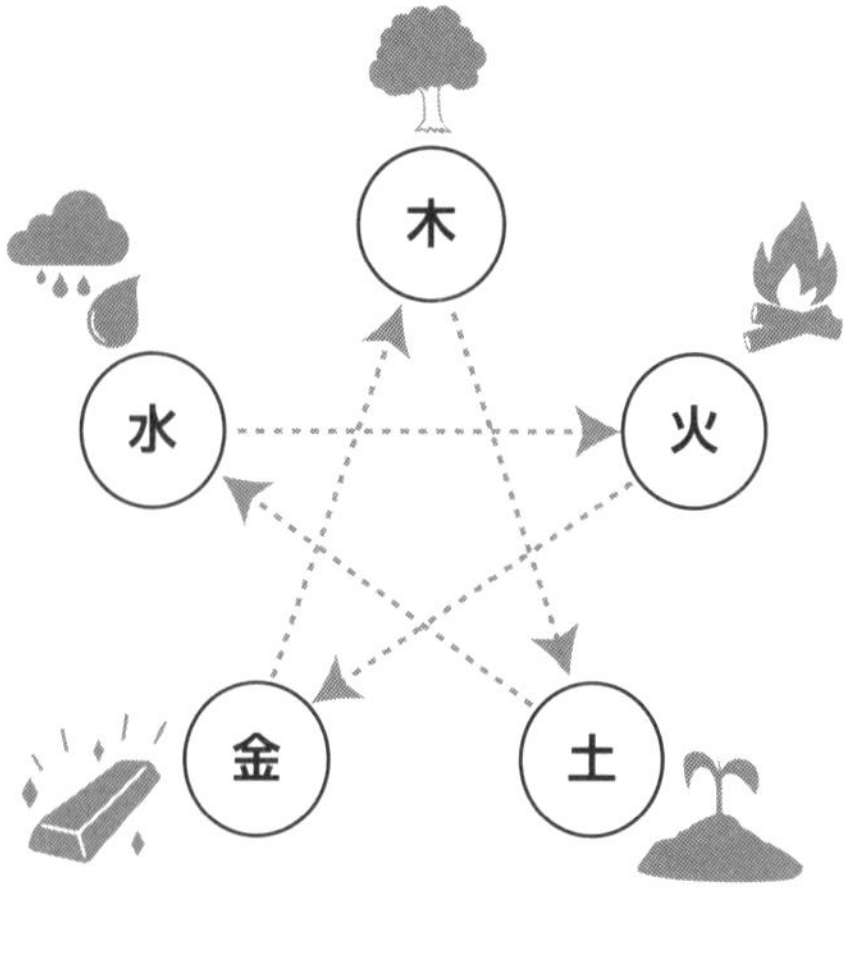

火剋金《かこくきん》……火は、金属を熔かす。
金剋木《きんこくもく》……金属製の斧は、木を切り倒す。

このように、相手を剋す（相手をやっつける）関係が、相剋です。

比和《ひわ》は、同じ性質のもののことである

比和《ひわ》は、同じ五行のことを言います。

つまり、木と木、火と火、土と土、金と金、水と水の関係のことです。

同じ性質なので、「同調して強まる」という意味になります（西洋占星術で言う、コンジャンクションと同じです）。

生気《せいき》・洩気《えいき》、殺気《さっき》・死気《しき》の関係も覚えよう

相生と相剋は、さらに、次の四つの言葉でも表されます。

主体と客体の関係で、相生には二種類、相剋も二種類に分けられるのです。

相生は、「相生ずる」と書きます。ということは、「生ずる側」と「生じられる側」の二つの立場、つまり、生気《せいき》・洩《えい》気《き》（退気《たいき》とも言う）の二つがあります。

生気と洩気

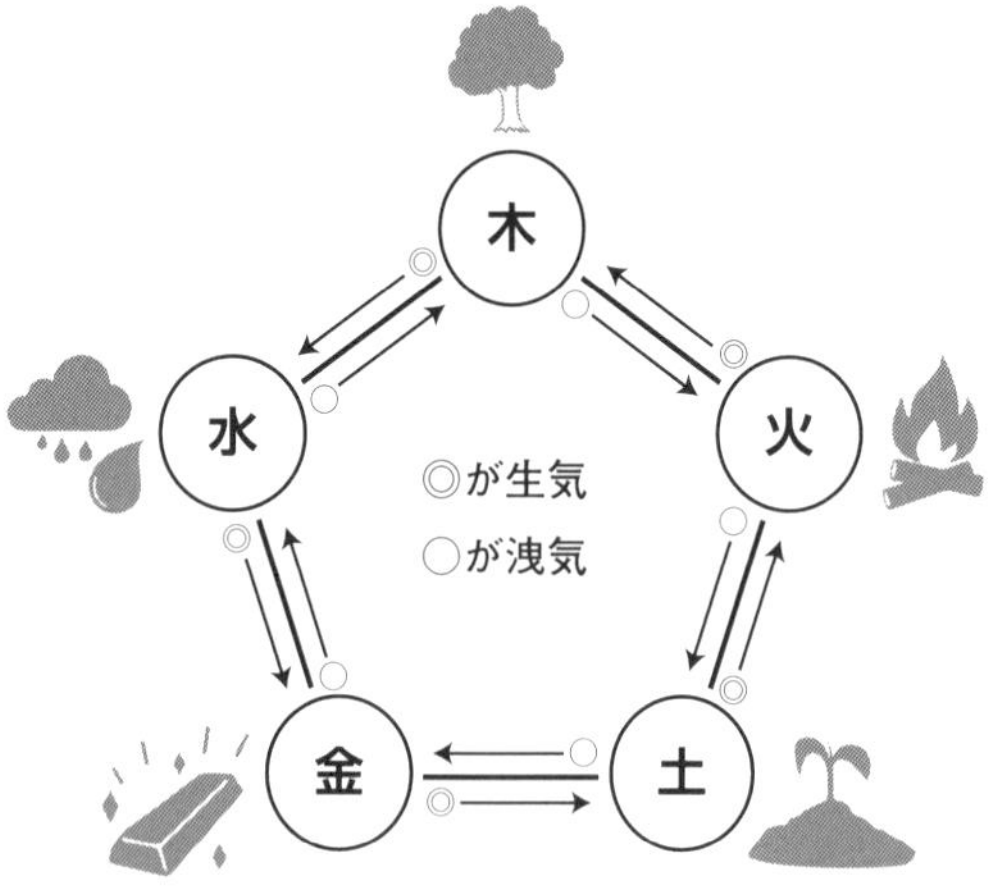

生気《せいき》……自分を生じてくれるもの（火にとっての木など）
洩気《えいき》……自分が生じるもの（火にとっての土）

洩気《えいき》は、「自分から洩れだしている気」という意味で、別名「退気《たいき》」とも呼ばれますが、洩気《えいき》のほうがイメージしやすいので、洩気《えいき》と覚えることをお勧めします。

一方、相剋は、相手を剋す（やっつける）関係です。こちらも、「やっつける側」と、「やっつけられる側」が存在します。

やっつける側を殺気《さっき》、やっつけられる側を死気《しき》という、おどろおどろしい名前が付けられています。

殺気《さっき》……自分が剋する気のこと（火にとっての金）
死気《しき》……自分が剋される気のこと（火にとっての水）

殺気は、別名「剋気《こっき》」とも呼ばれますが、この呼び名だと、自分が剋する方なのか、剋される方なのかの区別がつきづらいので、殺気と呼ぶことをお勧めします。

ちなみに、自分と同じ気のことを「和気《わき》」と言います。

相生、相剋は、とても重要な概念ですので、水生木、火剋金などの十種類は、すべて暗記することが大切です。

比和は、木と木、火と火など、同じなので、暗記するまでもありませんね。

では、次の章では、十干十二支《じっかんじゅうにし》について、解説していきます。

殺気と死気

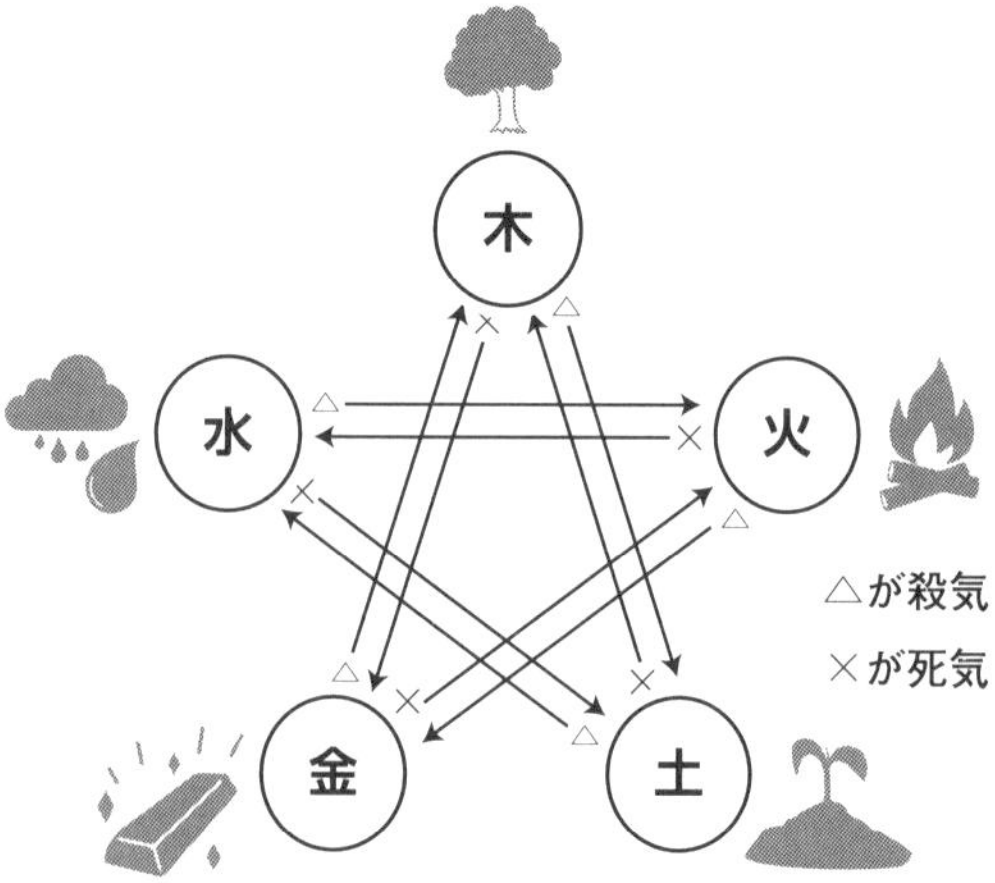

いきなり難易度が上がりますので、ここでつまずく方が多いかもしれませんが、ここを乗り越えると、九星気学は楽しいことばかりになってきますので、なんとかついてきてくださいね。

第3章

十干と十二支

十干を、読めるようになろう

十干《じっかん》とは、**甲・乙・丙・丁・戊・己・庚・辛・壬・癸**のことを指します。

十干《じっかん》と十二支を合わせたもののことを、「干支《えと》」と言います。

干支を書くときに、「干」を「支」の前に置くことから、十干《じっかん》のことを天干《てんかん》、十二支のことを地支《ちし》と言います。

読み方が二つ存在し、甲は、「こう」とも「きのえ」とも読みます。

甲《こう》は「木」で、兄のことを「え」と言うた

十干図

十干	読み	五行	陰陽	訓読み
甲	こう	木	兄	きのえ
乙	おつ	木	弟	きのと
丙	へい	火	兄	ひのえ
丁	てい	火	弟	ひのと
戊	ぼ	土	兄	つちのえ
己	き	土	弟	つちのと
庚	こう	金	兄	かのえ
辛	しん	金	弟	かのと
壬	じん	水	兄	みずのえ
癸	き	水	弟	みずのと

めに、「きのえ」と読みます。
乙《おつ》は「木」で、弟のことを「と」と言うために、「きのと」と読みます。
丙《へい》は「火」で、兄のことを「え」と言うために、「ひのえ」と読みます。
丁《てい》は「火」で、弟のことを「と」と言うために、「ひのと」と読みます。
戊《ぼ》は「土」で、兄のことを「え」と言うために、「つちのえ」と読みます。
己《き》は「土」で、弟のことを「と」と言うために、「つちのと」と読みます。
庚《こう》は「金」で、兄のことを「え」と言うために、「かのえ」と読みます。
辛《しん》は「金」で、弟のことを「と」と言うために、「かのと」と読みます。
(金は、きんではなく、カネの「カ」という読み方をされます)
壬《じん》は「水」で、兄のことを「え」と言うために、「みずのえ」と読みます。

癸《みず》は「水」で、弟のことを「と」と言うために、「みずのと」と読みます。

この読み方が非常に難しく、気学を勉強していて、十干《じっかん》で挫折する方は、とても多いです。

私自身、漢字がなかなか読めずに、ここでつまずきました。

とにかく、何度も声に出して読んで、自分の腑に落ちるようにするしかありません。

頑張って、覚えましょう。

十二支は、十干よりも簡単である

十二支とは、**子《ね》・丑《うし》・寅《とら》・卯《う》・辰《たつ》・巳《み》・午《うま》・未《ひつじ》・申《さる》・酉《とり》・戌《いぬ》・亥《い》**のことです。

慣れないうちは、読み方も難しいかもしれませんが、十干よりはなじみがあるので、簡単に覚えられるはずです。

十二支で重要なのは、時刻と方位と対応させるということです。

子の刻と言われたら、「午後十一時から午前一時までの二時間なんだな」と、すっと出てくることが大切です。

方位も、子の方位は北だなと、すぐにわかることが望ましいです。

十二支

1	子	ね	鼠	北	水
2	丑	うし	牛	中央	土
3	寅	とら	虎	東	木
4	卯	う	兎	東	木
5	辰	たつ	竜	中央	土
6	巳	み	蛇	南	火
7	午	うま	馬	南	火
8	未	ひつじ	羊	中央	土
9	申	さる	猿	西	金
10	酉	とり	鶏	西	金
11	戌	いぬ	犬	中央	土
12	亥	い	猪	北	水

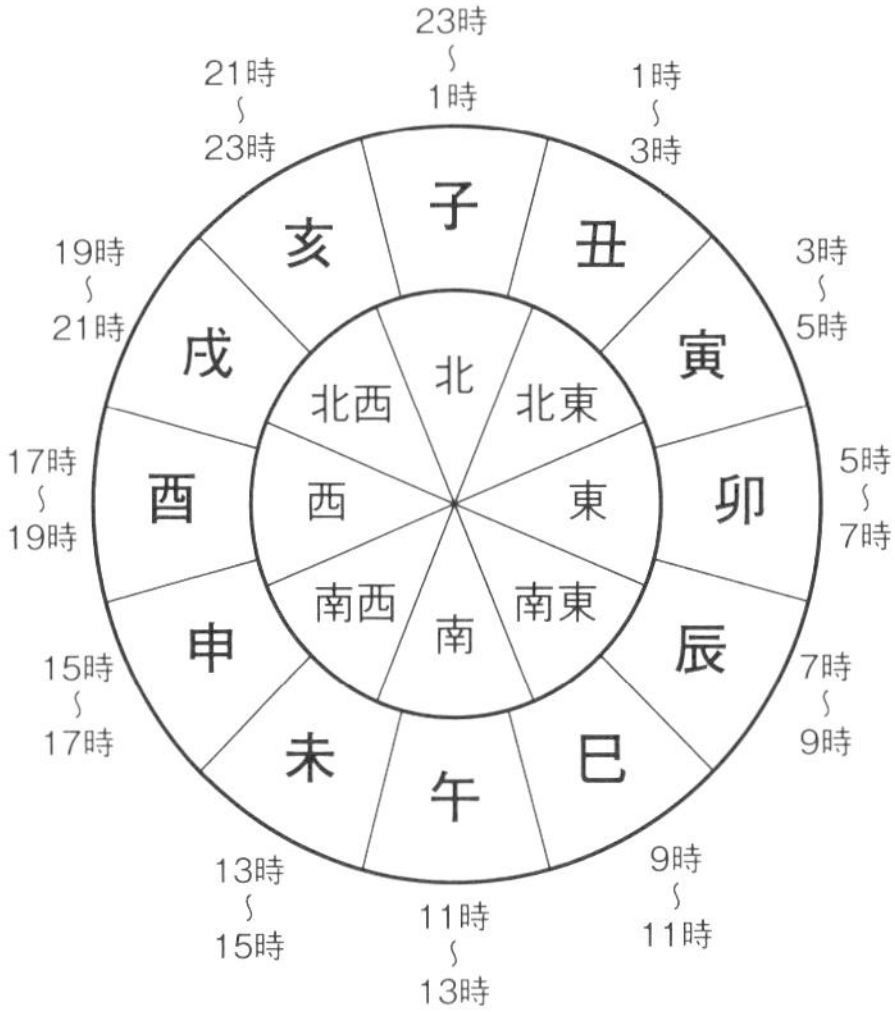

また、専門用語で、

太歳《たいさい》……その年の十二支のこと。
月建《げっけん》……その月の十二支のこと。
日辰《にっしん》……その日の十二支のこと。

と言いますので、覚えておく必要があります。

支合《しごう》、三合《さんごう》、冲《ちゅう》は、マスターしておこう

十二支（子・丑・寅・卯・辰・巳・午・未・申・酉・戌・亥）には、相互に関係性を持っています。

それが、支合《しごう》、三合《さんごう》、冲《ちゅう》です。

断易（五行易）では、この三つの関係をふんだんに使って占いをしますが、九星気学を学ぶときにも、覚えていたほうがいいので、ご紹介します。

九星気学に興味がある方は、いずれ断易も学びたいと思われるはずですので、九星気学を勉強するときにマスターしておくことを、オススメします。

勉強する順番としては、易（周易）↓九星気学↓断易という順番が、一番学びやすいでしょう。

支合は、六通りある

十二支のうち、二つが結びついたものが「合《ごう》」です。

「合」とは、結合するの「合」を意味し、支合は、別名「合」とも呼ばれ、次の六通りあります。

子丑《ねうし》の合（剋合《こくごう》・土剋水）
亥寅《いとら》の合（生合《しょうごう》・水生木）
卯戌《ういぬ》の合（剋合・木剋土）

辰酉《たつとり》の合（生合・土生金）
巳申《みざる》の合（剋合・火剋金）
午未《うまひつじ》の合（生合・火生土）

合には、「生合《しょうごう》」と「剋合《こくごう》」の二種類があります。

生合は、その名のとおり、生じる関係なので、よく和合する「合」となります。

剋合は、相手を剋す関係の「合」です。

剋合はよくないと解釈する流派もありますが、剋合とはいえ「合」であることには違いないので、よいものだと解釈する流派が多数派のようです。

支合図《しごうず》

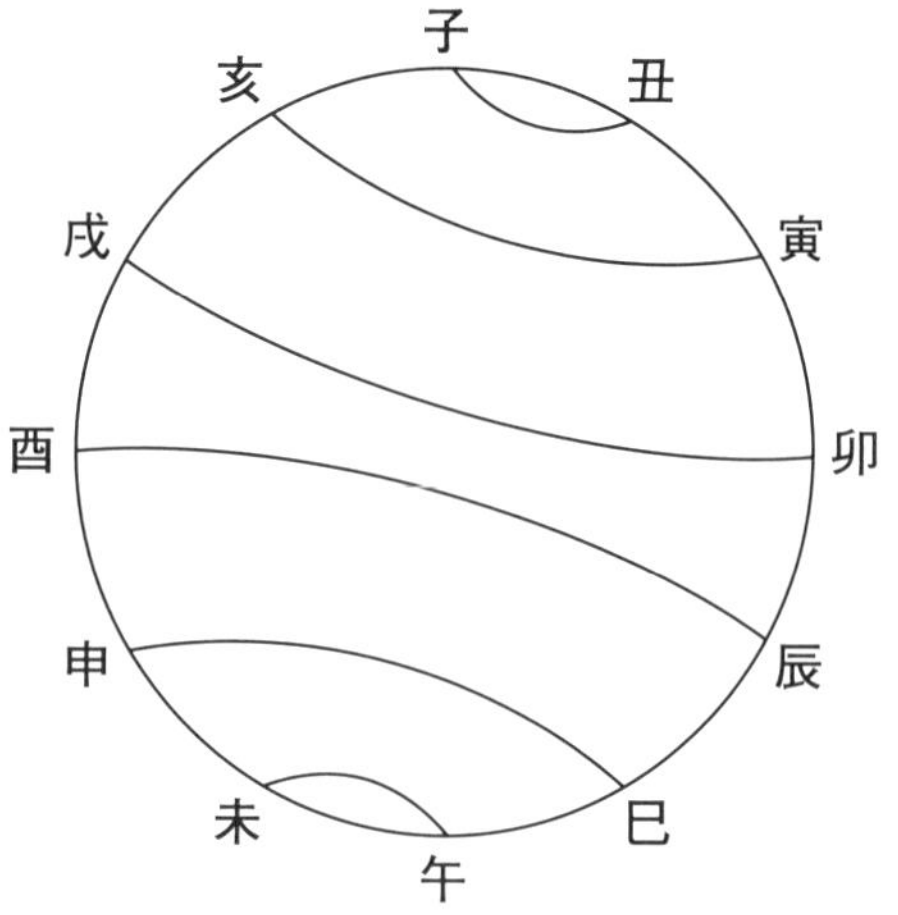

ちなみに、呼び名としては、「子丑《ねうし》の合」と、子が先で、丑が後と統一されています。

「丑子の合」とは呼びません。

「亥寅《いとら》の合」も、「寅亥の合」と呼んではいけません。

「子丑《ねうし》の合、亥寅《いとら》の合、卯戌《ういぬ》の合、辰酉《たつとり》の合、巳申《みざる》の合、午未《うまひつじ》の合」と、何度も声に出して、暗記しましょう。

三合《さんごう》は、四パターンだけである

三合《さんごう》は、別名「三合会局《さんごうかいきょく》」とも呼ばれます。

支合が二つの十二支が結合したのに対して、三合は三つの十二支が結合します（西洋占星術でいう「トライン」と同じだと考えてください）。

亥卯未《いうひつじ》……木局《もっきょく》（春）
寅午戌《とらうまいぬ》……火局《かきょく》（夏）
巳酉丑《みとりうし》……金局《きんきょく》（秋）

申子辰《さるねたつ》……水局《すいきょく》（冬）

というのが、三合です。

下の図のように、位置を結んでみると、ちょうど正三角形になります。

五行の中で「土三局」というのだけがありませんが、「**水土《すいど》一体の法則**」と言って、土は水の中に含まれているという考え方があるため、土だけがありません。

三合は、三つの十二支が結合するため、非常に大きな力を持つとされています。

人間関係で、寅年、午年、戌年の三人ならば、三人がとても仲良しになるといったように、解釈されます。

三合図《さんごうず》

金運アップグッズで、金色のヘビ（巳）、金色のニワトリ（酉）、金色の牛（丑）が

セットになって売っていたりするのは、この「金三局」をモチーフにしているためです。

金運が最強になりそうなイメージが持てると思います。

三合は、四パターンしかないので、亥卯未《いうひつじ》、寅午戌《とらうまいぬ》、巳酉丑《みとりうし》、申子辰《さるねたつ》は、口に出して暗記して、すぐに覚えましょう。

ちなみに、下の表のように、三合の一番上を「長生《ちょうせい》」、真ん中を「帝旺《ていおう》」、一番下を「墓《ぼ》」と言います。

主役が「帝旺《ていおう》」で、「長生《ちょうせい》」と「墓《ぼ》」がくっついているというイメージを持ってください。

主役の「帝旺《ていおう》」が東西南北の方位の一つになっていて、帝旺を補佐する形で、ほかの二つが存在しているということなのです。

水三局	金三局	火三局	木三局	
申	巳	寅	亥	長生
子 （北）	酉 （西）	午 （南）	卯 （東）	帝旺
辰	丑	戌	未	墓

冲は、凶と解釈する

冲は、まったく反対の方位にある、二つの十二支の組み合わせで（西洋占星術におけるオポジションと同じです）、次の六種類（六冲《りくちゅう》という）があります。

子午《ねうま》の冲
丑未《うしひつじ》の冲
申寅《さるとら》の冲
卯酉《うとり》の冲
辰戌《たついぬ》の冲
亥巳《いみ》の冲

覚え方としては、干支の順番通りに覚え

六冲図《りくちゅうず》

ると、覚えやすいです。
太字の順番で、**子丑寅卯辰巳**があって、中心から正反対の場所にある十二支がついていると考えると、わかりやすいです。

子午の冲
丑未の冲
申**寅**の冲
卯酉の冲
辰戌の冲
亥**巳**の冲

最初は耳慣れない言葉ばかりだとは思いますが、こちらも、何度も声に出すことで、覚えていくのがいいでしょう。

六十干支《ろくじっかんし》は、陽と陽、陰と陰で組み合わさってできる

六十干支《ろくじっかんし》とは、十干と十二支の組み合わせのことです。

十干と十二支の組み合わせならば、10×12＝１２０じゃないかと思う方もいるかもしれませんが、必ず、十干の陽と、十二支の陽の組み合わせ、十干の陰と十二支の陰の組み合わせになることが決まっているので、１２０を2で割った六十干支となるわけです。

甲子園球場は、甲子の年にできたので、甲子園と名付けられました。

ちなみに、六十干支を使った占いのことを、「納音《なっちん》占い」、もしくは、「納音《なっちん》五行占い」と言います。

生年月日を入れるだけで、生まれた時間と場所は入れなくていいので、インターネット上で気軽に占える占い手法です。

それでいて、かなり当たるということもあり、「納音《なっちん》占い」はインターネット占いでは重宝されているのです。

六十干支

51甲寅	41甲辰	31甲午	21甲申	11甲戌	1甲子
52乙卯	42乙巳	32乙未	22乙酉	12乙亥	2乙丑
53丙辰	43丙午	33丙申	23丙戌	13丙子	3丙寅
54丁巳	44丁未	34丁酉	24丁亥	14丁丑	4丁卯
55戊午	45戊申	35戊戌	25戊子	15戊寅	5戊辰
56己未	46己酉	36己亥	26己丑	16己卯	6己巳
57庚申	47庚戌	37庚子	27庚寅	17庚辰	7庚午
58辛酉	48辛亥	38辛丑	28辛卯	18辛巳	8辛未
59壬戌	49壬子	39壬寅	29壬辰	19壬午	9壬申
60癸亥	50癸丑	40癸卯	30癸巳	20癸未	10癸酉

第4章

自分の九星の出し方

九星の色を覚えよう

九星には、一白・二黒・三碧・四緑・五黄・六白・七赤・八白・九紫の九つの色がついています。

色は、定位盤《ていいばん》を見ながら覚えます。

まず、南の方位の九紫《きゅうし》から見てください。

南は太陽が最も強いので、紫外線も強いです。

なので、紫と覚えます。

逆に、北の方位は、白い雪が積もります。

なので、六白《ろっぱく》、一白《いっぱく》、八白《はっぱく》は、三つとも白となります。

東は、春の方位でもあり、野山は緑なので、四緑《しろく》と三碧《さんぺき》が配置されます。

三碧の「碧」は、「あお」とも「みどり」とも読みます。

		南		
	四緑	九紫	二黒	
東	三碧	五黄	七赤	西
	八白	一白	六白	
		北		

空や海の色を表すときに「碧」という漢字が使われます。

七赤は、西の方位で、秋を表しているので、紅葉の「赤」です。

二黒は、後天八卦盤で「坤《こん》」（大地）の場所にあるので、大地の色である「黒」です。

真ん中の「五黄」は、中国の真ん中には「黄土」が広がっているので、「黄色」だと理解してください。

さらに、九星を後天八卦盤と合わせてみます。

九星定位盤

四緑	九紫	二黒
三碧	五黄	七赤
八白	一白	六白

＋

巽	離	坤
震		兌
艮	坎	乾

＝

四緑 巽	九紫 離	二黒 坤
三碧 震	五黄	七赤 兌
八白 艮	一白 坎	六白 乾

こうなると、さらにイメージしやすくなるはずです。

次に、八卦の五行を当てはめます。

真ん中は、中国大陸の真ん中は黄土なので、「土」を当てはめます。

そして、最後に「星」という文字を付けると、九星の出来上がりです。

九星図

四緑 巽 木	九紫 離 火	二黒 坤 土
三碧 震 木	五黄 土	七赤 兌 金
八白 艮 土	一白 坎 水	六白 乾 金

一白水星・二黒土星・三碧木星・四緑木星・五黄土星・六白金星・七赤金星・八白土星・九紫火星というのは、こうして出来上がったのです。

九星は、回座《かいざ》する

九星は、動きます。

真ん中が5になっているのがスタンダードな定位図ですが、真ん中が4になったり、3になったりするのです。

九星が動くことを、「回座《かいざ》する」と言います。

では、どのような順序で動くのかと言うと、左上の図でわかるように、矢印の順番に動きます。

たとえば、5を中央にして回座させたものが左下の図になります。

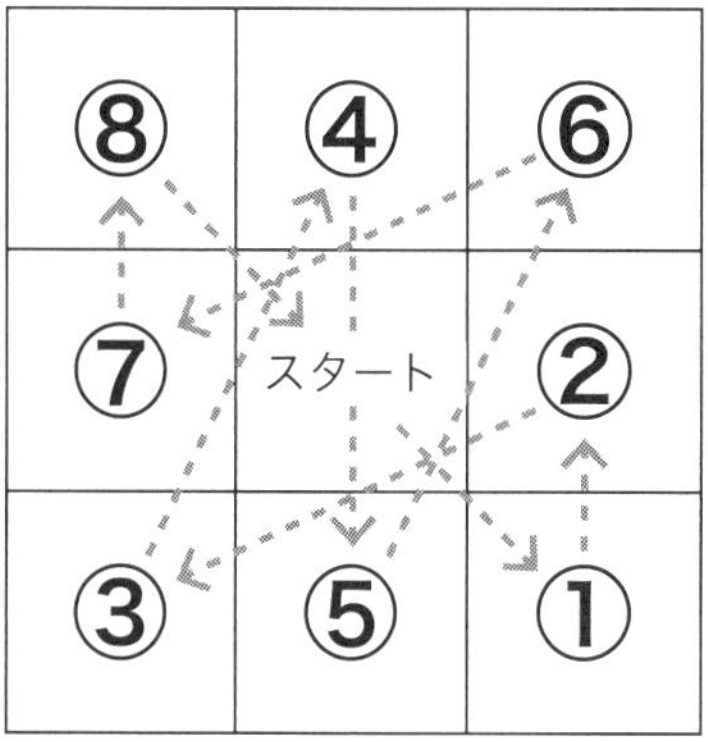

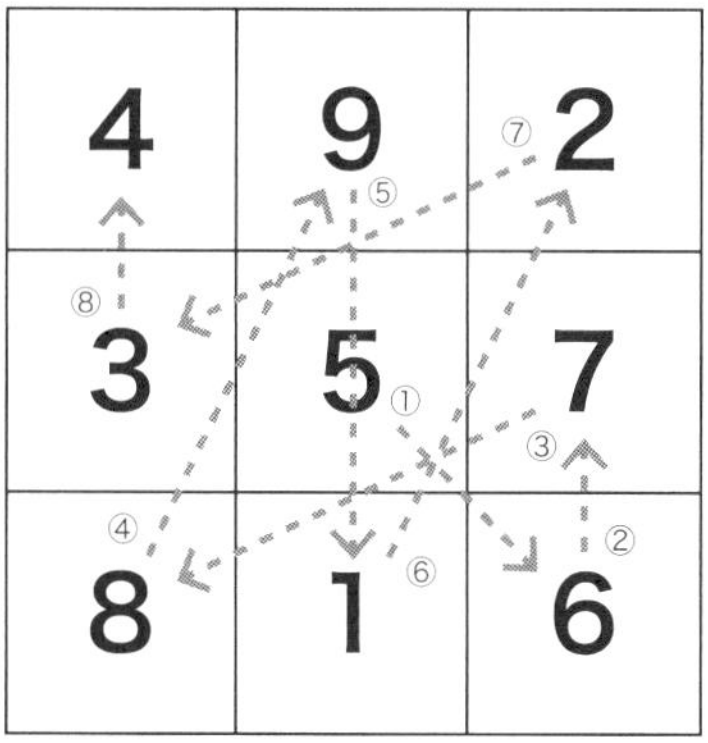

九星の回座

八	四	六
七	九	二
三	五	一

七	三	五
六	八	一
二	四	九

六	二	四
五	七	九
一	三	八

五	一	三
四	六	八
九	二	七

四	九	二
三	五	七
八	一	六

三	八	一
二	四	六
七	九	五

二	七	九
一	三	五
六	八	四

一	六	八
九	二	四
五	七	三

九	五	七
八	一	三
四	六	二

つまり、上の9パターンの定位図が存在することになります。

五黄土星の年は、真ん中が五の盤を使い、二黒土星の年は、真ん中が二の番を使うというわけです。

もちろん、使うたびにこのページを開いてもいいのですが、できれば、自分で書けるようにしてください。

「九紫火星の年だぞ」と思ったら、真ん中に九を書いて、右下に一、右真ん中に二を書いて、という順番で、自分の手で、盤を書いていくようにしましょう。

数字の順番には、隠遁《いんとん》と陽遁《ようとん》が存在する

東洋占いでは、隠遁《いんとん》と陽遁《ようとん》という概念が存在します。

隠遁とは、9→8→7→6→5→4→3→2→1という順番のことです。

陽遁とは、1→2→3→4→5→6→7→8→9ということを言います。

東洋占いでは、隠遁が普通で、陽遁が普通ではないと覚えてください。

易の卦を出すときも、下から順番に、初爻《しょこう》、二爻、三爻、四爻、五爻、上爻《じょうこう》となります。

九星気学でも、九紫火星の次の年は八白金星。八白金星の次の年は七赤金星と、隠遁で回っていくのです。

自分の九星（本命星）の出し方を、マスターしよう

自分の本命星は、次頁の表を見るだけで、わかります。

ですが、いつもこの表を持ち歩くわけにもいかないので、暗算で算出できるようにしましょう。

注意点としては、年は2月4日（立春）から変わるということです。

1974年1月生まれだとしたら、1973年生まれだということで、計算をします。

1974年2月3日生まれでも、1973年生まれ扱いにします。

気学では、2月4日～翌年の2月3日までを、1年とするというルールになっています。

なので、同じ学年（たとえば1973年4月1日からの学年）のなかには、九紫火星の人（4月1日～2月3日生まれ）と一白水星の人（2月4日～3月31日生まれ）の人がいるということになります。

正誤表

65ページの表に誤りがありました。正しくは下記の表になります。

自分の本命星

一白水星	二黒土星	三碧木星	四緑木星	五黄土星	六白金星	七赤金星	八白土星	九紫火星
1918年	1917年	1916年	1915年	1914年	1913年	1912年	1911年	1910年
1927年	1926年	1925年	1924年	1923年	1922年	1921年	1920年	1919年
1936年	1935年	1934年	1933年	1932年	1931年	1930年	1929年	1928年
1945年	1944年	1943年	1942年	1941年	1940年	1939年	1938年	1937年
1954年	1953年	1952年	1951年	1950年	1949年	1948年	1947年	1946年
1963年	1962年	1961年	1960年	1959年	1958年	1957年	1956年	1955年
1972年	1971年	1970年	1969年	1968年	1967年	1966年	1965年	1964年
1981年	1980年	1979年	1978年	1977年	1976年	1975年	1974年	1973年
1990年	1989年	1988年	1987年	1986年	1985年	1984年	1983年	1982年
1999年	1998年	1997年	1996年	1995年	1994年	1993年	1992年	1991年
2008年	2007年	2006年	2005年	2004年	2003年	2002年	2001年	2000年
2017年	2016年	2015年	2014年	2013年	2012年	2011年	2010年	2009年
2026年	2025年	2024年	2023年	2022年	2021年	2020年	2019年	2018年
2035年	2034年	2033年	2032年	2031年	2030年	2029年	2028年	2027年

自分の本命星

一白水星	二黒土星	三碧木星	四緑木星	五黄土星	六白金星	七赤金星	八白土星	九紫火星
1918年	1917年	1916年	1915年	1914年	1913年	1912年	1911年	1909年
1927年	1926年	1925年	1924年	1923年	1922年	1921年	1920年	1919年
1936年	1935年	1934年	1933年	1932年	1931年	1930年	1929年	1929年
1945年	1944年	1943年	1942年	1941年	1940年	1939年	1938年	1939年
1954年	1953年	1952年	1951年	1950年	1949年	1948年	1947年	1949年
1963年	1962年	1961年	1960年	1959年	1958年	1957年	1956年	1959年
1972年	1971年	1970年	1969年	1968年	1967年	1966年	1965年	1969年
1981年	1980年	1979年	1978年	1977年	1976年	1975年	1974年	1979年
1990年	1989年	1988年	1987年	1986年	1985年	1984年	1983年	1989年
1999年	1998年	1997年	1996年	1995年	1994年	1993年	1992年	1999年
2008年	2007年	2006年	2005年	2004年	2003年	2002年	2001年	2009年
2017年	2016年	2015年	2014年	2013年	2012年	2011年	2010年	2019年
2026年	2025年	2024年	2023年	2022年	2021年	2020年	2019年	2029年
2035年	2034年	2033年	2032年	2031年	2030年	2029年	2028年	2039年

本命星を出すときには二つのパターンがある

本命星を出すときには、1973年といった西暦ではなく、昭和48年といった、昭和か平成に直して計算するのがルールです。

西暦から昭和に直す場合は、「下2ケタから25を引く」と覚えてください。

1973年ならば、73−25＝48で、昭和48年となります。

西暦から平成に直す場合は、「下2桁から12を足す」と覚えてください。

2000年の場合は、00＋12なので、平成12年です。

1989年〜1999年の場合は、「下2桁から12を足して、100を引く」ことになります。

1990年の場合は、90＋12−100＝2なので、平成2年となります。

さて、西暦から昭和・平成に直す方法がわかったところで、本題です。
九星を出す公式は、「12－(元号の十の位＋一の位)＝九星」なのです。
たとえば、昭和22年生まれの場合は、12－（2＋2）＝8なので、八白土星となります。平成16年生まれならば、12－（1＋6）＝5なので、五黄土星となるというわけです。

こう考えると、
1．足して12を超えないパターン
2．足して12を超えるパターン
3．足して12になるパターン
という三つのパターンがあることに気づきます。

まず、1のパターンから見ていきます。

これは、簡単です。

平成28年生まれの場合は、12－(2＋8)＝2なので、二黒土星です。

昭和35年生まれの場合は、12－(3＋5)＝4なので、四緑木星です。

たいていは1のパターンなのですが、簡単にいかない場合も出てきます。

それが、2の「足して12を超えてしまうパターン」です。

たとえば、昭和49年生まれの場合を考えてみましょう。

12－(4＋9)＝－1となっていまいます。

こういう場合は、4＋9＝13。十の位と一の位をもう一度足して1＋3＝4とします。

よって、12－4＝8で、八白土星となります。

「**12を超えてしまったら、もう一度、十の位と一の位を足して、12から引く**」と覚えてください。


では、3の場合です。

昭和39年の場合は、12－(3＋9)＝0となります。

0の場合は、九紫火星となると、覚えてください。

十の位と一の位を足して12ならば、必ず九紫火星だということなのです。

さて、ここまでは、比較的わかりやすいです。

今まで三つのパターンを示してきましたが、実は、幻の四つ目のパターンが存在します。それは、

4．一の位と十の位を足すと、1か2になってしまうパターンです。

たとえば、昭和11年生まれの場合、

12－(1＋1)＝10です。一白～九紫でなければいけないのに、10になってしまうのです。

昭和10年生まれの場合は、

12－(1＋0)＝11で、11になってしまいます。

こういう場合はどうすればいいのかというと、**10になってしまう場合は、1＋0＝1で、一白水星、11になってしまう場合は、1＋1＝2で、二黒土星となります。**

難しいかもしれませんが、慣れてしまえばできるようになりますので、安心してください。

九星を出すのは、この四パターンだけなので、例題を解いてみて、できるようにしましょう。

例題1

昭和48年生まれの人の、本命星は？

12－(4＋8)＝0　0なので、九紫火星（3のパターン）。

例題2

昭和59年生まれの人の、本命星は？

12－(5＋9)で、5＋9＝14なので、1＋4＝5　12－5＝7なので、七赤金星。

例題3

平成7年生まれの人の、本命星は？

12－7＝5なので、五黄土星。

例題4

平成元年生まれの人の、本命星は？

12－1＝11　1＋1＝2なので、二黒土星。

次は、応用問題です。

例題1～4に関しては、生まれた月について、特に記述しませんでした。

今度は、生まれた月と日も入れてみます。

例題5

昭和48年2月1日生まれの人の、本命星は？

2月1日生まれなので、前年の昭和47年として考える。

そのため、12－(4＋7)＝1　で、一白水星。

例題6

昭和59年1月1日生まれの人の、本命星は？

1月1日なので、昭和58年として考える。

12－(5＋8)　5＋8＝13なので、1＋3＝4。

12－4＝8で、八白土星。

例題7

平成7年2月3日生まれの人の、本命星は？

2月3日なので、平成6年として考える。

12－6＝6　なので、六白金星。

例題8
昭和64年1月1日生まれの人の、本命星は？

昭和64年1月1日は、前年の昭和63年として考える。
12－(6＋3)＝3なので、三碧木星が正解となります。

一番レアなケースは、昭和64年1月1日～1月7日生まれの人の場合です。
平成は、1月8日から始まります。
昭和64年というのは、1月1日～1月7日までの7日間しかありません。
この7日間の間に生まれた方の場合は、前年の昭和63年で計算する必要があります。
平成元年1月8日～2月3日までの人も、昭和63年として計算します。
とはいえ、こういった方の本命星を出さなければいけないというケースは、レア中のレアですので、あまり気にすることはなく、本命星を出すための計算に関しては、できるようにしてみてくださいね。

「そんなこと言われても、やっぱり計算なんてできないよ」という方は、65頁の表を見ていただければ、書いてありますので、安心してください。

ですが、この計算は、九星気学をマスターするには、できるようになっておいたほうが絶対にいいというものなので、何度も繰り返して自分のものにしていただけたらなあと思っています。

月の九星（月命星）の出し方

「年の九星を出すだけでも難しかったのに、月の九星なんてものがあるの？　絶対にできない！」と思った方もいるかもしれません。

はい。正直、計算式にすると、かなり難しいです。

なので、月の九星に関しては、計算するのを諦めて、次の表を参考にして、出すようにしてください。

この表をコピーして持ち歩けば、簡単に月の九星を出すことができます。

月の九星（月命星）

本命星／生まれた日	一白水星 四緑木星 七赤金星	二黒土星 五黄土星 八白土星	三碧木星 六白金星 九紫火星
2月 （2月4日～3月5日）	八白土星	二黒土星	五黄土星
3月 （3月6日～4月4日）	七赤金星	一白水星	四緑木星
4月 （4月5日～5月5日）	六白金星	九紫火星	三碧木星
5月 （5月6日～6月5日）	五黄土星	八白土星	二黒土星
6月 （6月6日～7月7日）	四緑木星	七赤金星	一白水星
7月 （7月8日～8月7日）	三碧木星	六白金星	九紫火星
8月 （8月8日～9月7日）	二黒土星	五黄土星	八白土星
9月 （9月8日～10月8日）	一白水星	四緑木星	七赤金星
10月 （10月9日～11月7日）	九紫火星	三碧木星	六白金星
11月 （11月8日～12月7日）	八白土星	二黒土星	五黄土星
12月 （12月8日～翌年1月5日）	七赤金星	一白水星	四緑木星
13(1)月 （翌年1月6日～2月3日）	六白金星	九紫火星	三碧木星

では、例題です。

例題1

二黒土星の年の、2月の九星は？

表と照らし合わせると、二黒土星です。

例題2

四緑木星の年の9月は？

表と照らし合わせると、一白水星となります。

とても簡単だと思えたのではないでしょうか。

ですが、ここにもまた、落とし穴があります。

九星気学においては、月の切り替わりは、1日《ついたち》スタートではないのです。

次頁の表を見てください（※万年暦によって異なることもありますので、だいたいこんな形だと思ってください）。

つまり、

1月　1月6日～
2月　2月4日～
3月　3月6日～
4月　4月5日～
5月　5月6日～
6月　6月6日～
7月　7月8日～
8月　8月6日～
9月　9月8日～
10月　10月8日～
11月　11月7日～
12月　12月7日～

が、その月のスタートなのです。

月の切り替わり

2月	3月	4月	5月	6月	7月
2月4日～ 3月5日	3月6日～ 4月4日	4月5日～ 5月5日	5月6日～ 6月5日	6月6日～ 7月7日	7月8日～ 8月5日

8月	9月	10月	11月	12月	13月（1月）
8月6日～ 9月7日	9月8日～ 10月7日	10月8日～ 11月6日	11月7日～ 12月6日	12月7日～1 月5日	1月6日～ 2月3日

そのため、2月3日生まれだったら、2月生まれではなく、1月生まれと取ります。8月4日生まれだったら、7月生まれとして、考えなければいけません。

ここが、九星気学の最難関エリアです。
この難しいところを乗り越えると、あとは、楽しくなってきます。

考え方としては、3パターンです。
1. 9日～31日までに生まれた人は、その月で取る（例：4月20日生まれは、4月）。
2. 1日～4日生まれの人は、前の月で取る（例：3月3日生まれは、2月生まれと取る。ただし、2月4日の立春生まれの時だけ、2月生まれと取る）。
3. 5日～8日生まれの人は、表を見て確認して、前月か当月かを判断する。

コラム

月の切り替わりを尋ねてみよう

九星気学をしている占い師のところに行って、「○月5日生まれです」「○月7日生まれです」と言って、「え?」と一瞬でもたじろいだら、その占い師は、きちんと勉強している占い師です。

逆に、何も考えずに、当月として算出してしまう占い師も多いのが現状です。「5日生まれ〜8日生まれの人が来たら、大変だぞ」と思っているのが、きちんと九星気学を勉強している占い師なのです。

では、例題にいきましょう。

例題1

昭和44年9月9日生まれの人の、本命星と、月の九星は？

12－(4＋4)＝4なので、本命星は四緑木星。

表を見ると、四緑木星の9月の月の九星は、一白水星。

例題2

昭和52年3月3日生まれの人の、本命星と月の九星は？

12－(5＋2)＝5なので、五黄土星。

3月3日生まれなので、2月として表を見ると、五黄土星の年の2月なので、月の九星は二黒土星。

例題３

昭和60年６月５日生まれの人の、本命星と月の九星は？

12－(6＋0)＝6なので、六白金星。

５日～８日生まれなので、77頁の表を見ると、６月の切り替わりは６月６日からなので、６月５日生まれは、５月生まれと取る必要がある。

六白金星の年の５月なので、月の九星は二黒土星となる。

ということになります。

さらに、例外が二つあります。

一つは、１月１日～１月５日生まれの人の場合です。

この場合は、前の年の12月と取ります。

もう一つは、１月６日～２月３日生まれの場合です。

この場合は、前の年の13月と取らないと計算が合わなくなるのです。

このケースが、月の九星を出すときの、最難関中の最難関です。
なんとか、ついてきてください。
では、続けて例題です。

例題4

昭和62年1月3日生まれの人の、本命星と月の九星は?

1月3日生まれなので、昭和61年と取る。
12－(6＋1)＝5なので、本命星は五黄土星。
1月1日～5日生まれは、五黄土星の年の12月と取るので、表を見ると、月の九星は一白水星となる。

例題5

昭和58年2月2日生まれの人の、本命星と月の九星は?

2月2日生まれなので、昭和57年と取る。

12－(5＋7)＝0なので、本命星は九紫火星。

1月6日～2月3日生まれの場合は、13月と取るので、三碧木星が月の九星になります。

難しいのは、1年は2月4日の立春からスタートして、1月6日～2月3日は、前年の13月という扱いになるというところです。

まさに、九星気学で挫折してしまう人が多いのは、この部分なのです。

もちろん、九星気学のパソコンのソフトなどで打ち出してしまえば、こういった計算はしなくて済むようにはなるのですが、占い師としては、これができないとプロとは呼べないので、なんとかできるようにしたいところです。

結局のところ、量稽古しか、できるようになる方法はありません。

一〇〇人以上の九星を鑑定していると、あなたも楽々算出できるようになっていることでしょう。

さて、ここでやっと、九星の、九つの星の意味の理解に入ります。

この順番でないと、結局はわからなくなってしまうので、遠回りだと感じた方も多いでしょう。

多くの人は、まず、「自分の九星は何だろう？ 自分はどんな性格なのかが知りたい！」というところから、気学の世界に入ってしまいます。

そうなると、気学の成り立ちもわからず、表面的な理解に終始することになり、結局は、九星気学のメインイベントである「吉方位」にたどり着くこともなくなってしまいます。

とはいえ、お待たせしました。

やっと、あなたの本命星についての解説をしていきます。

ここまで頑張ったあなたにとっては、簡単すぎるかもしれませんが、九つの星の意味を、見ていきましょう！

第5章

九星の象意を知る

数字の順番ではなく、方位から覚える

九星気学の本は、何も考えずに、一白水星・二黒土星・三碧木星・四緑木星・五黄土星・六白金星・七赤金星・八白土星・九紫火星の順番で、解説がされています。

確かに、一見、一から始まって九で終わるので、わかりやすいと思えるかもしれません。

ですが、これが一番わかりにくい覚え方なのです。

英単語帳でも、ＡＢＣ順に英単語が並んでいるものがあります。

こういう英単語帳を使っている人は、最初にAがつく英単語は、難易度が高いものも知っているのに、最初にSがつく単語だと、簡単な単語も知らないという事態が訪れます。

たいていは、途中で力尽きるからです。

英単語は、頻度順に覚えるのが一番です。

よく出題される英単語から順番に覚えていくのが、もっとも得点につながります。

九星気学も、一白水星・二黒土星・三碧木星・四緑木星・五黄土星・六白金星・七赤金星・八白土星・九紫火星の順番に覚えるのは、ABC順に覚えるのと変わりません。

そうではなく、まず南を表す「九紫火星」と北を表す「一白水星」から覚えるのが一番効率的です。

南と北は、熱いと寒いという対極なわけですから、覚えやすいわけです。

また、火星は九紫火星しかありませんし、水星も一白水星しかないので、覚えやすいのです。

次に、東を表す「三碧木星」と東南を表す「四緑木星」を覚えます。

両方とも、木星で緑を表しているので、とてもイメージしやすいです。

この段階で、九分の四をクリアしたことになります。

次に、「六白金星」と「七赤金星」を覚えます。

両方とも、お金なので、お金のことだと思えば、覚えたくなるはずです。

そして最後まで残ったのが、「二黒土星」「五黄土星」「八白土星」の土星シリーズです。

土は土でも、三種類の土があるんだぞと最後に覚えれば、簡単に九星を覚えることができます。

九星気学でわけがわからなくなる理由は、一白水星・二黒土星・三碧木星・四緑木星・五黄土星・六白金星・七赤金星・八白土星・九紫火星の順番に覚えようとするからです。

そうではなく、九紫火星と一白水星をセットで。

三碧木星と四緑木星をセットで。

六白金星と七赤金星をセットで。

最後に、二黒土星、五黄土星、八白土星の土星シリーズをセットで覚えるのが、九星気学の最短マスターへの道です。

では、いよいよ、九紫火星から見ていきましょう。

普通の本では最後に書いてある九紫火星からマスターするのが、一番わかりやすいのです。

九紫火星《きゅうしかせい》は、南で、火だから、派手好き

九紫火星は、南の方位にあります。

時刻も、午《うま》の刻なので、午前11時から午後1時までです。

太陽が照りつけていて、熱いです。

さらに、八卦では「離（火）」が対応しています。

八卦において、離は「中女（次女）」を表し、派手好きな女性を表しています。

「長女はしっかりもので、中女は派手好きで、三女はおしゃべりだ」というのが、八卦における象意です（『1分間易入門』参照のこと）。


二次象意について、お話しします。

二次象意とは、一次象意から出たイメージのことです。

九紫火星の場合の一次象意は、南だったり、離（火）だったり、中女だったりとい

った、占い師が一〇〇人いれば一〇〇人とも「そうだ」とうなずくものです。

二次象意は、一次象意を元にしたインスピレーションで、流派ごとにも違いますし、占い師ごとに違うものです。

ここでは、石井流の二次象意をお伝えしますが、二次象意にこれだという一つの正解はなく、占い師の数だけ違うものだと思ってください。

では、石井流の九紫火星の二次象意を説明します。

火は文明の象徴で、パッと頭の上で豆電球が光るようなイメージがあることから、頭脳明晰、先見の明がある、発明が得意だ、といったことになります。

火はついたり消えたりするので、気分にもムラがあります。

燃える炎のような激しさがある一方で、火が消えたように静かになることもあります。

負けず嫌いで、自己顕示欲も強いです。

派手だということは、逆に言えば、地道な作業は苦手、事務仕事は苦手だということになります。

人を見た目で判断するため、イケメン好き、美女好きの傾向があります。

適職としては、縁の下の力持ちといった仕事ではなく、人前に出る仕事全般がいいでしょう。

美に関する仕事もいいとされていますので、スタイリスト、美容師、モデルといった職業もオススメです。

九星気学は、一次象意はすべての占い師にとって同じですが、二次象意が変わってくるものだと考えてください。

では、次頁に九星気学の一次象意を示します。

九星気学における一次象意

番号	五行	色	卦	性質	家族	方位	数理
一白水星	水	白と黒	坎	水	中男	北	1，6
二黒土星	土	黄と黒	坤	地	母	南西	5, 10
三碧木星	木	碧と青	震	雷	長男	東	3，8
四緑木星	木	緑と青	巽	風	長女	南東	3, 8
五黄土星	土	黄	なし	なし	なし	中央	5, 10
六白金星	金	白と金	乾	天	父	北西	4, 9
七赤金星	金	赤と白と金	兌	沢	小女	西	4, 9
八白土星	土	白と黄	艮	山	小男	北東	5, 10
九紫火星	火	紫と赤	離	火	中女	南	2，7

一白水星《いっぱくすいせい》

一白水星の方位は北です。

北は、寒いです。

時刻も夜の23時から1時までなので、寒い時間帯です。

季節も冬を表します。


八卦では坎《かん》。坎は中男を表します。

「長男はいつも積極的に自分から動き回っていて、中男はグレて水商売をしてしまい、それを見ていた三男は、動かずじっとしている」というのが八卦の象意です。

九星気学では、中男の意味に、さらに「北」で「暗い」というイメージがつきます。

何が暗いのかというと、性格というよりも、家庭環境が暗くなります。

太宰治は一白水星なのですが、なんとなく家庭環境が暗いイメージがあるはずです。

「一白水星は暗いだなんて。私は明るいわよ！」という方もいるでしょう。

一白水星は、中男を表していて、悪い意味ではなく、水商売という意味があることから、多くの人と社交的に話すということができるのも、一白水星です。

つまり、コミュニケーション能力がとても高いのです。

九紫火星が南で、明るくて派手だとしたら、それに対して、北にある一白水星は、暗くて無言でいるという風に考えたら、覚えやすいです。

「おいおい、一白水星の人に怒られるぞ！」と思うかもしれませんが、石井流は、「覚えやすいことが第一」の流派です。

なので、覚えやすくするために言っているんだなと思っていただけたら幸いです。

さて、二次象意です。

九紫火星がパッとひらめくのに対して、一白水星は計画的です。

九紫火星が派手なのに対して、一白水星は孤独です。

孤独なのに、中男なのでコミュニケーション能力は高いのが、一白水星です。


そして、一白水星は、辛い環境に置かれても、頑張って順応することができます。

「苦労に強い」というのが、一白水星の代表的な特徴です。

水は、いろいろな器に入ることができるので、環境適応力はとても高いというわけです。


適職は、哲学者、文学家、芸術家などのひとりでこもってするような仕事か、水の象意があることから、漁師、料理人など水を使う仕事がいいとされています。

三碧木星《さんぺきもくせい》

三碧木星と四緑木星をセットで覚えていきましょう。両方とも「木」です。


三碧木星は、東の場所を表しています。

太陽が昇るのが東からなので、新しいことが始まる、新しいものが芽《め》吹《ぶ》くというのが、三碧木星です。

季節も春なので新しい一年が始まる、朝五時から七時までを表しているので、新しい一日が始まるというイメージです。


八卦は「震」で、雷を表しています。雷は、動くものの象徴とされています。

家族では、長男を表しています。長男は、活動的で、いつも動いています。

二次象意は、春が始まり、一日が始まり、活動が始まるというところから、落ち着きがないという弱点も出てきます。じっとしていられないのが特徴です。

次から次へと興味が移るので、飽きっぽい性格です。

雷の一次象意があるので、短気で怒りっぽい反面、雷がすぐに収まるのと同じように、すぐに機嫌も収まるので、さっぱりした性格と言えます。

春の陽気ということから、ほがらかです。

一日が始まる東を表しているので、常に新しいものが大好きです。

適職としては、常に新しいことを求めているので、新聞記者などのマスコミ関係。エレキギターは電気を使うので、音楽の仕事。コンピューターは電気が欠かせないので、プログラマーや電気機器関連の仕事が向いているとされます。

声優、アナウンサーなど、声を出す仕事も、雷鳴が轟くというところから、向いているのが三碧木星です。

四緑木星《しろくもくせい》

四緑木星は、南東、巽《たつみ》の方角を表します。

南東からのさわやかな風がイメージされます。風水では、南東の玄関が一番良いとされていますが、南東からの風が一番いいというのがその理由です。

三碧木星、四緑木星、九紫火星の人は、早くから成功できると言われています。理由は、太陽が昇る場所が、東、南東、南だからです。人生の早い段階で、日が当たる場所に行けるというわけです。

長女なので、しっかりものです。人当たりもよく、対人関係も得意で、皆から好かれ、おとなしく、お嫁さんタイプです。

ただし決断力に欠けるため、迷いやすく、チャンスを逃しがちだと言われています。

六白金星《ろっぱくきんせい》

「六白金星」と「七赤金星」をセットで覚えます。
というのも、両方とも「金」が付くように、「お金」に関係しているからです。
「お金持ちになるぞ」というモチベーションがあると、覚えたくなるはずです。

南の「九紫火星」と北の「一白水星」を覚え、東を表す「三碧木星」と東南を表す「四緑木星」を覚えて、疲れてきたところで、「お金」でモチベーションを上げていくわけです。

では、「六白金星」です。
六白金星の方位は、北西。
八卦では「乾《けん》」です。家族で言えば、お父さんを表します。

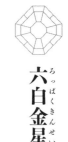

色は、白と金です。

六白金星と、白と金の色が両方入っているので、覚えやすいはずです。

父なので、厳格なイメージです。

乾は、イコール天なので、高い、尊い、威厳がある、支配者、リーダー、王様といったイメージにもつながります。

二次象意としても、「厳格な父」から派生した意味が強く、「品位、風格があり、人の上に立つ気質の人」が、六白金星の意味となります。

権力と名声を追い求めるタイプが、六白金星です。

小金持ちになるというよりも、大金持ちを目指していくタイプです。

人に使われるのが嫌なので、政治家になったり、独立して経営者になったり、作家・芸能人になっていくのがいいとされています。

権力と名声を追い求めていけば、自然とお金持ちになれそうな気がしますね。

序章 気学とは何か
第１章 気学は、どのようにして発生したのか
第２章 陰陽五行説
第３章 十干と十二支
第４章 自分の九星の出し方
第５章 九星の象意を知る
第６章 実践編Ｉ 傾斜法
第７章 実践編Ⅱ 同会法
第８章 実践編Ⅲ 吉方位取り

七《しち》赤《せき》金《きん》星《せい》

七赤金星は、八卦では「兌《だ》」です。

家族では、三女を表します。

ぺちゃくちゃおしゃべりをしているのが、三女です。

方位は西。

太陽が西に沈むときに、夕暮れが赤く染まりますが、その赤が七赤金星の赤です。


色は、赤、そして白と金を表します。

七赤金星なので、赤と金。「金」にはそもそも、白と金という二つの色の意味があるので、白も入っていると考えてください。

プラチナは漢字で「白金」と書きますが、「金」は、単純に金色だけを意味するわけではなく、白も、イコール「金」の色なのです。

兌《だ》は、悦ぶという意味もあります。

悦ぶの、右側の「つくり」の部分は「兌」になっています。

説明するの「説」も右は「兌」ですが、話す、悦ぶというのが「兌」の意味なのです。

また、兌は、おしゃべりをする「口」を表すことから、食べ物、飲食業という意味も出てきます。


二次象意としては、言葉が巧みな社交家というイメージになります。

「兌」は喜びを表すので、人生を楽しく過ごす才能を持っています。

明るくて、愛嬌があり、親しみやすい人です。

職業は、しゃべる仕事であるアナウンサー、声優。

「兌」は飲食業を表すので、飲食業全般に向いています。

二黒土星《にこくどせい》

さて、いよいよ九つの星も、残すところ三つだけになりました。

挫折しそうになったところを、お金の話で乗り越えたので、いつの間にか「あと三つだけ覚えればいいいんだな」という気分になっていただけたはずです。


残りの三つは、土星シリーズ「二黒土星」「五黄土星」「八白土星」です。

麻雀で言うところの、リャンウーパー（二・五・八）が土星だと覚えると、わかりやすいでしょう。


土は土でも、三種類の土があるんだぞと理解できれば、すんなり頭に入ります。

まず、二黒土星は、「坤《こん》（地）」を表しているので、大地の黒い土です。

次に、五黄土星は、黄土《こうど》の黄色い土です。

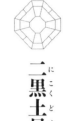

中国大陸の真ん中は、黄土と呼ばれる黄色い土の大地が広がっています。
最後に、八白土星は、「艮《ごん》（山）」を表しているので、山の白い土を表しています。
これで、土星シリーズとしてセットで覚えられたはずです。

では、二黒土星を見てみましょう。
二黒土星は、八卦では「坤《こん》」です。
牝馬《ひんば》を表していて、「後からついていくことが吉」というのが、「坤」です。
家族で言えば、お母さんです。
お父さんに順《したが》うことで、家庭を守るのがお母さんです。

現代では、「夫の命令を聞く妻」というのは珍しくなっているのかもしれませんが、父親の言うことは絶対で、それに妻が従うことで家族は成功していくというのが、昔ながらの考え方です。
「保守的な専業主婦」というのが、二黒土星のイメージです。

方位は南西で、色は黒と黄色ですが、主に黒だと覚えてください。
二黒土星だけが、「黒」という文字が入っているためです。

二次象意は、おとなしく見えるが、実は芯《しん》が強い人。
真面目で従順に従う人で、家庭はしっかり守る人です。

坤は大地を表していて、大地は万物を「育成」するというところから、「教師」に向いているとされます。

五黄土星《ごおうどせい》

五黄土星は八卦の象意はありません。
定位図では真ん中に位置しているのが「五」です。
良くも悪くも、真ん中なので、中心人物です。
いつも自分が中心でいなければいけないので「帝王」を表すのが、五黄土星です。
「大統領からマフィアのボスまで」が、五黄土星であるとイメージしてください。

方位も、真ん中なので、そもそも対応している方位がありません。
強いて言えば「中央」というのが、五黄土星の方位です。

自分を中心として、真ん中からすべてのものを腐敗させて土に戻すという「悪の親玉」というイメージと、真ん中から万物を育てて、天地の気の流れを循環させるという「正義の帝王」のイメージの両極端があるのが、五黄土星です。

二次象意としては、首領なので、知能が高く、行動力もあり、持久力にも優れます。人に使われるのが嫌いなので、独立起業家に向いています。

その意味では、父を意味する「六白金星」と、やや意味が似ています。

ただし、五黄土星は、六白金星に、さらに暴君度合いをプラスしたイメージです。

万物を土に返していくというところから、葬儀屋も向いていると言われます。

とはいえ、闘争心を発揮できるもの全般（政治家、スポーツ選手など）が向いているとされます。

八白土星《はっぱくどせい》

いよいよ、最後の一つになりました。

八白土星がわかれば、九星の意味はマスターしたことになります。


八白土星は、八卦で「艮《ごん》」を表しています。

家族で言えば、三男です。

動かざること山の如し、といった形で、じっとしていて動かないイメージです。

長男は動き回って失敗ばかりして、次男はたちの悪い水商売に走るため、それを見ていた三男は、家でじっとしているという風に覚えてください。


「艮《ごん》は止《とど》まるなり」と言われますが、止まるのが艮です。

艮は万物の終わりを表しているので、中止、停止、引退、閉店、廃業を表しています。

第5章 九星の象意を知る

色は、白と黄色（サンドベージュ）を表します。

八白の白と、土の黄色というわけです。

方角は北東、つまり、鬼門ですが、八白土星の意味として、悪い方位というイメージはないと考えてください。


二次象意として、山は動かないので、融通が利かない性格が、八白土星だと言われています。

頑固でマイペース、自分のほうから変わることがないので、相手に対する好き嫌いが激しいのが八白土星です。

協調性に欠ける傾向があるので、人間関係があまり好きではありません。

真面目でお堅い仕事が合っています。

公務員、不動産業など、堅いイメージの仕事が適職です。

九星の全体イメージを、改めてつかもう

九星は、この順番であれば、覚えることは簡単だったはずです。

では、九星のそれぞれのイメージを、さらに固めていきましょう。


色で言えば、一白と六白と八白が白です。

三碧木星と四緑木星はともに緑を表していますが、漢字が違うように、三碧は「空があおい、海があおい」というブルーでもあり、緑でもあるようなイメージです。

九紫火星は紫、二黒土星は黒、五黄土星は黄色、七赤金星は赤で、色はほかの九星とかぶっていません。

一白と六白と八白だけが、白でかぶっているのです。


では、違いは何でしょうか。

一白水星は、坎（水）を表しているので、透明な水の「白」です。

六白金星は、プラチナ（白金）の白であり、貴金属のイメージです。

八白土星は、艮（山）を表しているので、白い砂が、運ばれて山に積まれたイメージです。

この違いがわかると、「同じ白でも、イメージしているものがそもそも違うんだな」ということを理解していただけるはずです。

九星気学では、白は、一白水星と六白金星と八白土星の三つ。

土星は、二黒土星、五黄土星、八白土星の三つになっています。

八白土星だけが、いずれもかぶっているので、一番覚えにくいのです。

なので、覚える順番は、八白土星は一番最後がよかったというわけなのです。


また、火星は一つだけしかありません。

九紫火星です。

水星も、一白水星しかありません。

なので、最初に覚えると、わかりやすかったのです。

木星は、三碧木星と四緑木星の二つ。
金星は、六白金星と七赤金星の二つ。
土星が、二黒土星、五黄土星、八白土星の三つ。
八白土星を最後に持ってくることで、理解がしやすいことになります。

火と水は早熟型、金と土は大器晩成型と言われているというのも、九紫火星と一白水星を先に持ってきて、金星と土星を後に持ってきた理由でもあります。

九星の意味は、覚えるのがとても難しかったはずです。
というのも、ほとんどすべての本において、一白水星・二黒土星・三碧木星・四緑木星・五黄土星・六白金星・七赤金星・八白土星・九紫火星の順番で書いてあるからです。

一から順番に覚えるのではなく、意味がわかりやすい順番で覚えることで、九星気学はやっとマスターできるのです。

第6章

実践編
I
傾斜法

気学の奥義は、傾斜法、同会法、吉方位取りの三つである

ここまで、九星気学の基礎を学んできました。
いよいよ、実際に占っていくところに進みます。

気学には、次の三つの奥義があります。

1. 傾斜法《けいしゃほう》
2. 同会法《どうかいほう》
3. 吉方位《きっぽうい》取り

ここまで学んできた知識を元に、この三つができるようになるのが、気学をマスターするということです。
これ以上の奥義はなく、これがすべてです。

個人的には、最後の「吉方位取り」が最終奥義だと考えています。

十干十二支がわかり、九星の意味もわかって初めて、奥義にたどり着くことができます。

やっと、あなたに奥義を伝えるときがやってきました。

では、最初の「傾斜法」から行きましょう。

傾斜法では、性格診断と相性診断の二つができる

傾斜法を行うと何がわかるのかというと、あなたの本質的な性格がわかるというのが一点目、そして、それを元にして、相性診断ができるというのが二点目です。

本質的な性格というのは、持って生まれた気質、恋愛運、家族運、財運、病気運などを指します。

では、傾斜とは何なのかというと、自分の場合は、九つのうちのどの「宮《きゅう》」に星が傾いているか（傾斜しているか）ということです。

「九つの宮って、どういうこと？」「傾いているって、どういうこと？」と思った方も多いでしょう。

口で説明するよりも、実際に算出したほうがわかりやすいので、算出していきましょう。

傾斜の算出法

傾斜の算出は、次の2パターンに分かれます。

1．八つの方位に傾斜している場合。
2．傾斜していない場合（中宮傾斜《ちゅうぐうけいしゃ》の場合）。

まずは、1のほうがわかりやすいので、1のケースから見ていきましょう。

傾斜には、中宮傾斜と、八つの傾斜パターンがある

いきなりですが、例題からいきましょう。

例題1

二黒土星の年、六白金星の月に生まれた人は、何傾斜か？

まず、月の九星の盤面をベースに見ます。月が六白金星の人は、真ん中に六白金星がある盤面を見ます。

二黒土星の年なので、六白から見て下に、二黒土星がありますね。

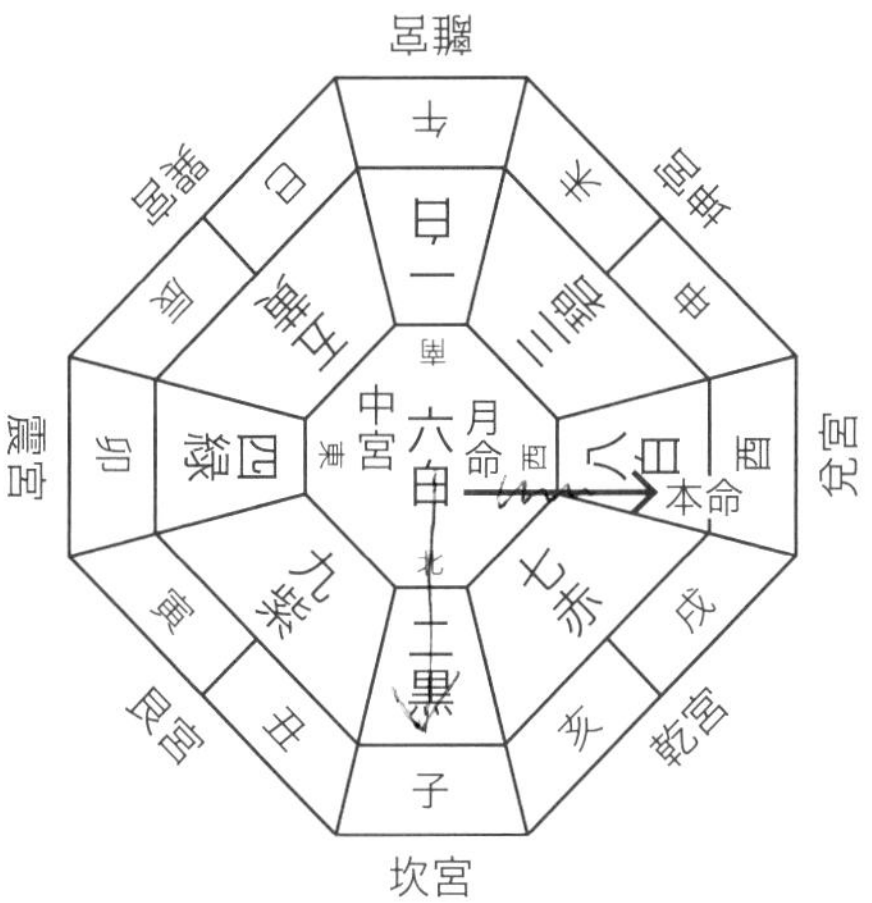

序章 気学とは何か
第1章 気学はどのようにして発生したのか
第2章 陰陽五行説
第3章 十干と十二支
第4章 自分の九星の出し方
第5章 九星の象意を知る
第6章 実践編Ⅰ 傾斜法
第7章 実践編Ⅱ 同会法
第8章 実践編Ⅲ 吉方位取り

下は坎宮なので、この人は、「坎宮傾斜《かんきゅうけいしゃ》」ということになります。

注意点としては、月の九星の図をベースに考えるということです。

ついつい、年の九星の図をベースに考えてしまいがちですが、月の九星から考えて、年の九星がどこの宮に傾いているかを調べるのが、傾斜法です。

では、次の例題です。

例題2

五黄土星の年の、一白水星の月に生まれた人は、何傾斜か？

真ん中が一白水星になっている定位図を見ます。

五黄土星は南に入っているので、離宮傾斜です。

これが、傾斜法です。

月の定位盤を見て、年の九星の位置を見る。

そうすると、八つの宮のどの向きに傾斜しているかがわかるというわけです。

「なんだ、簡単じゃないか」と思った方もいるでしょう。

ですが、そうは問屋がおろしません。

二黒土星の年の、二黒上星の月に生まれた人は、どうしたらいいのでしょうか。

真ん中に、その年の九星が入っている定位盤を使うわけですから、「傾斜していない」ということになります。

傾斜していない場合、つまり、年の九星と、月の九星が同じ場合の傾斜のことを、真ん中を中宮と言うことから、「中宮傾斜《ちゅうぐうけいしゃ》」と言います。

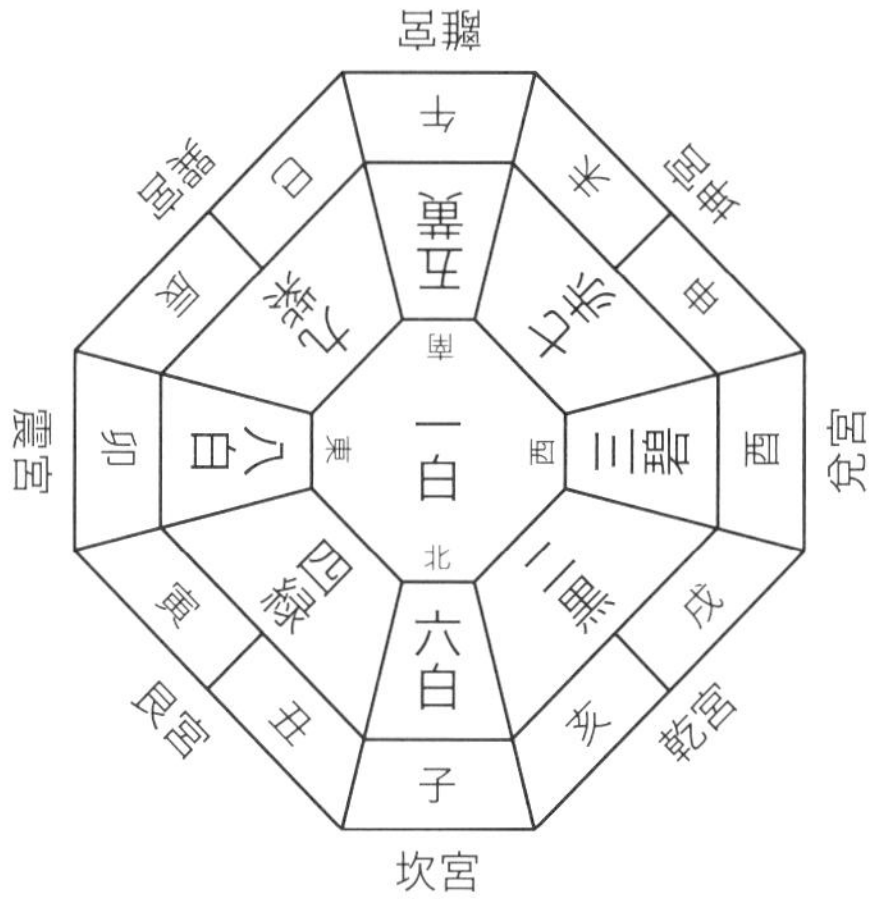

中宮傾斜の場合はどうするのかを知らないと、傾斜法ができるようになったとは、言えないのです。

中宮傾斜の場合は、裏の卦を取る

「そうか。中宮傾斜というものがあるんだな。年の九星と、月の九星が同じ場合は、中宮傾斜とだけ覚えておけばいいんだな」と思ったかもしれません。

ですが、そうはいきません。

中宮傾斜になっている場合は九つのパターン、傾斜が存在するのです。


では、それぞれ解説していきます。

一白水星の年、一白水星の月に生まれた場合です。

一白水星は、八卦で言うと、坎です。

その場合、坎をひっくり返した「裏の卦」（陰と陽と逆にした卦）の傾斜になるのです。

たとえば、☵（坎）は、陰陽をひっくり返すと、☲（離）になります。

つまり、「一白水星の年、一白水星の月に生まれた人は、離宮傾斜である」というのが正解です。

同様に、

二黒土星の年、二黒土星の月生まれの人は、二黒土星の八卦は☷（坤）なので、裏の卦である、乾宮傾斜になります。

三碧木星の年、三碧木星の月生まれの人は、三碧木星の八卦が☳（震）なので、巽宮傾斜です。

四緑木星の年、四緑木星の月生まれの人は、四緑木星の八卦が☴（巽）なので、震宮傾斜。

六白金星の年、六白金星の月生まれの人は、六白金星の八卦が☰（乾）なので、坤宮傾斜。

七赤金星の年、七赤金星の月生まれの人は、七赤金星の八卦が☱（兌）なので、艮宮傾斜。

八白土星の年、八白土星の月生まれの人は、八白土星の八卦が☶（**艮**）なので、兌宮傾斜。

九紫火星の年の、九紫火星生まれの人は、九紫火星の八卦が☲（**離**）なので、坎宮傾斜となります。


「あれ？　五黄土星だけがなかったぞ？　五黄土星の年、五黄土星の月生まれの人は、どうしたらいいんだ？」と思った方もいるでしょう。

五黄土星の年、五黄土星の月の人の場合だけは、例外です。

五黄土星の年、五黄土星の月の人の人

本命星・月命星が同じ場合の傾斜宮

本命星と月命星	傾斜宮
一白水星	離宮傾斜
二黒土星	乾宮傾斜
三碧木星	巽宮傾斜
四緑木星	震宮傾斜
五黄土星	男性　兌宮傾斜 女性　乾宮傾斜
六白金星	坤宮傾斜
七赤金星	艮宮傾斜
八白土星	兌宮傾斜
九紫火星	坎宮傾斜

は、

男性の場合……兌宮傾斜

女性の場合……乾宮傾斜

となるのです。

「なぜですか？　理由はあるのですか？」と言われても、決まっているので仕方がありません。覚えたほうが早いので、覚えてください。

ちなみに、中宮傾斜の人は、ほかの人に比べて強運の持ち主ではあるが、波乱含みの人生を送ると言われています。

年の九星は「外面」で、傾斜宮では「内面」がわかる

傾斜法では、その人の性質がわかるとされています。

そうなると、「え？　年の九星とどう違うのですか？　同じではないのですか？」

と感じる方もいらっしゃるでしょう。

実は、年の九星は、外面的なことがわかるとされ、傾斜宮では、その人の奥深くの内面がわかるとされているのです。

たとえば、九紫火星の年に生まれた人は、派手好きだとされています。

これは、外面的なことです。見た目が派手だ、ほかの人から見て派手だというわけです。

傾斜宮が、離宮傾斜だった場合は、内面が派手と言うことになります。

見た目は地味だったとしても、内心は「パーッと派手に生きてやるぞ」と考えていることになります。

同じ学年で、九紫火星の人（4月1日～2月3日生まれ）と、一白水星（2月4日～3月31日生まれ）の人がいると、十二人中十〇人が九紫火星ということになります。

一見、全員が同じように派手な学年に見えたとしても、内面は、傾斜宮が違うので、個性は九紫火星の中でも、4月生まれ、5月生まれの人で、違っているということです。

「持って生まれた内面的な気質が傾斜法ではわかり、年の九星では外面的な要素がわかる」と分けて考えると、理解できるのではないかと思います。

傾斜宮を知ることで、その人の心の奥底を知ることができるのです。

今回も、わかりやすくするために、一白水星・二黒土星・三碧木星・四緑木星・五黄土星・六白金星・七赤金星・八白土星・九紫火星の順番では説明いたしません。

離宮傾斜と坎宮傾斜をセットで、巽宮傾斜と震宮傾斜をセットで、乾宮傾斜と兌宮傾斜をセットで、そして、坤宮傾斜、艮宮傾斜の順番で、覚えていきます。

では、離宮傾斜から見ていきます。

離宮傾斜の人

離宮は、八卦の「離」と、九紫火星の象意が、ほぼそのまま入ることになります。

次女で、派手好きな内面を持った人が、離宮傾斜の人です。

「離」は火であり、太陽なので、光を照らすということから、先見の明があるとされています。

アイデア豊富で、独創性もあります。

火はすぐに消えてしまうので、情熱が冷めやすいという傾向もあります。

坎宮傾斜の人

坎宮には、八卦の「坎」と、一白水星の象意が入ることになります。次男で、家族を継ぐ必要がないので、独立心が旺盛で、会社を辞めて起業をするなど、自分一人で何かを始めたがる傾向があります。

やりたいことがあって独立するというよりも、一人でいたいので独立するという、内向的な独立だと考えてください。

対人関係は、得意ではありません。

方位は北で暗くて寒いので、苦労が多いが、困難を乗り越えて大成するのが、坎宮傾斜のイメージです。

巽宮傾斜の人

巽宮は、八卦の「巽」と、三碧木星の象意が入ることになります。

長女です。明るくて、皆から好かれます。

正直で、屈託のない笑顔で、周囲にプラスを与えていきます。

自己主張は控えめなのですが、正直すぎて、誤解を招いてしまうという弱点もあります。

まとめ役や、仲介者、人の間に立って行うには、適していると言えます。

「巽」は風なので、どこにでも出入りできるからです。

震宮傾斜の人

震宮は、八卦の「震」と、四緑木星の象意が入ります。
長男なので、いつも動き回っています。
行動的で、積極的です。
開拓精神、チャレンジ精神が旺盛です。
長男なので、負けず嫌いで、決断も早いのが特徴です。

乾宮傾斜の人

乾宮は、八卦の「乾」と、八白土星の象意が支配しています。
父であり、「乾」は天なので、人の上に立つリーダータイプです。
部下をまとめて統率していく親分肌です。
父なので、責任感が強く、自分ひとりで苦労を背負い込む傾向があります。

兌宮傾斜の人

兌宮は、八卦で「兌」で、七赤金星の象意を持ちます。三女で、ぺちゃくちゃおしゃべりをしているイメージです。「兌」は喜びも表しているので、一緒にいて楽しい人です。話すのが大好きで、説得力のある話をします。口に関係するもの全般が「兌」なので、美食家でもあります。

坤宮傾斜の人

坤宮は、八卦で「坤」で、二黒土星の象意があります。

母なので、夫に付いて行って、順《したが》うイメージです。

母なる大地なので、人を育成するのが得意です。

他人を押しのけてでも何とかしてやろうというのではなく、後ろからサポートしていくような役割です。

母がコツコツと家事を頑張るように、コツコツ努力を重ねていくタイプです。

艮宮傾斜の人

艮宮は、八卦の「艮」で、八白土星の象意を持っています。
三男なので、動かずにじっとしているイメージです。
動こうとしないところから、頑固だと言われがちです。
物事に動じず、底力があります。

中宮傾斜の人

男性は、兌宮傾斜の人と同じで見ます。
女性は、乾宮傾斜の人と同じで見ます。
象意としては、五黄土星の意味も加わります。
中央に五黄土星が位置することから、帝王の気質があるということになります。
中宮傾斜の人は、波瀾万丈で、変化に富んだ人生を送りがちです。
その分、逆境にも強いという側面も持っています。
中宮傾斜は、良くも悪くも、極端だということです。

相性診断で、傾斜法を使う

相性診断をする場合は、傾斜法も加えて、相性を見ます。

たとえば、九紫火星の年、七赤金星の月、兌宮傾斜の夫と、一白水星の年、五黄土星の月、坎宮傾斜の妻の相性を見るとします。

この場合、五行だけを見ます。

夫は「火、金、金」、妻は「水、土、水」の人と考えます。

夫の場合は、九紫火星なので「火」、七赤金星なので「金」、兌宮は七赤金星の象意を持つので「金」です。

妻の場合は、一白水星なので「水」、五黄土星なので「土」、坎宮は一白水星の象意を持つので「水」とするわけです。

そのときに、どう見るかというと、
年の九星……表面的な相性
月の九星……趣味の相性
傾斜宮……本質的な相性、因縁的な相性
を見ます。

夫……火、金、金
　→　→　←
妻……水、土、水

という風に、書き出します。
年の九星は、水剋火なので、妻が夫を剋している関係。つまりカカア天下で、夫が尻に敷かれている関係が、表面的な関係です。

趣味に関して言えば、月の九星が土生金なので、夫を妻が助けてあげている関係です。

趣味に関しては、妻は夫に理解を示し、援助しています。

本質的な関係、因縁的な関係は、金生水なので、夫が妻を生じている、夫がいるから妻が生き生きとしていられるという関係性になります。

これが、九星を使った相性占いです。

相性占いは、木火土金水の五行に変換して、相生、相剋、比和を見て鑑定するのが、本格的な九星気学の占い師です。

もちろん、簡単に年の九星だけを使って占いをすることもできますが、お金をいただく以上、「相性占いをしてください」と言われたら、年の九星、月の九星、傾斜宮まで算出してあげたほうが、より親切だと言えます。

コラム

年の九星、月の九星、傾斜法まで、算出してみよう

ここは、かなり難解になりますので、飛ばしていただいても構いません。
より理解を深めたいと思った時に、戻ってきてチャレンジしてみてください。

例題1　昭和50年10月10日生まれの人の、年の九星、月の九星、傾斜宮は？

昭和50年なので、12－(5＋0)＝7なので、七赤金星が、年の九星。
10月10日なので、表を見ると、九紫火星が、月の九星。

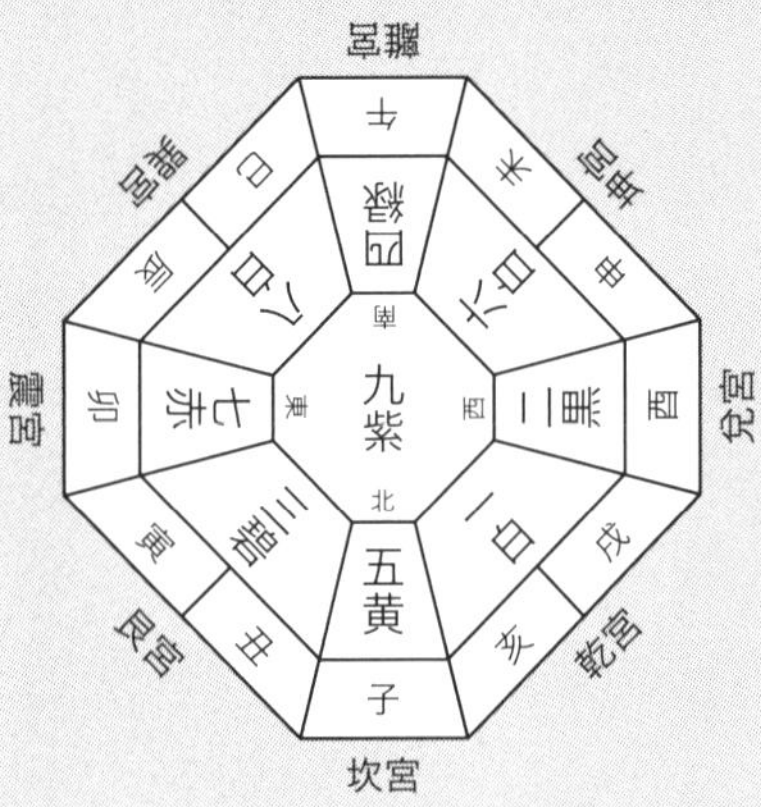

九紫火星が真ん中にある盤面を見ると、7は震宮にあるので、震宮傾斜である。

例題2　昭和62年、2月1日生まれの人の、年の九星、月の九星、傾斜宮は？

2月1日生まれなので、前年の、13月として見ます。

昭和61年だとすると、12－(6＋1)＝5なので、
五黄土星が、年の九星。

五黄土星の年の表を見ると、13月は九紫火星なので、九紫火星が月の九星。

九紫火星が真ん中にある盤面を見ると、5は坎宮にあるので、坎宮傾斜というのが答えです。

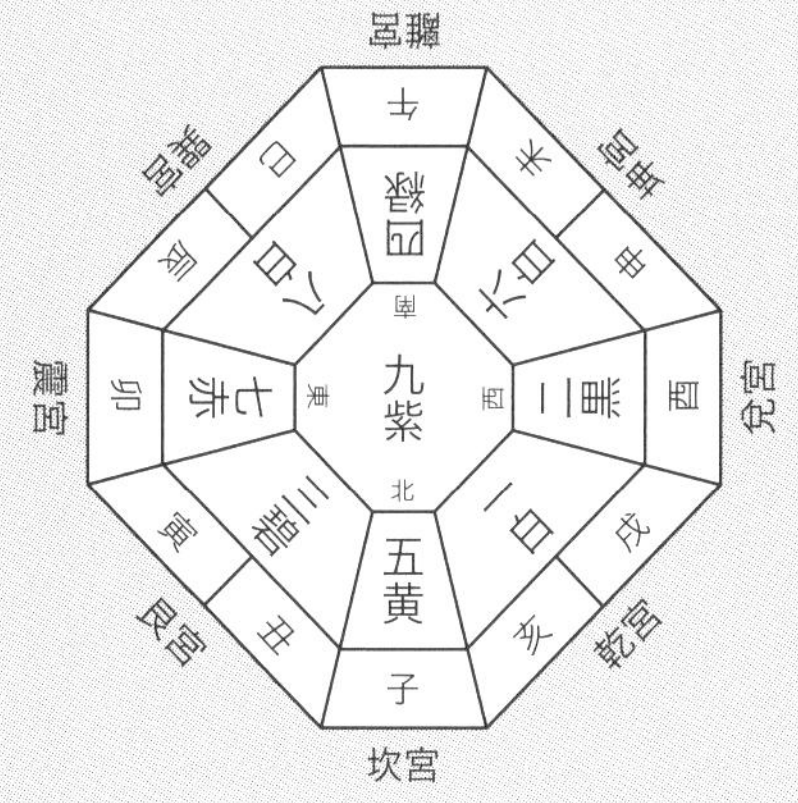

このように、傾斜法は、次のツーステップで、算出することができます。

1. 月の九星が真ん中の盤面を見つける。
2. 年の九星の場所が、どの宮に入っているかを調べる。

こう覚えれば、わかりやすいはずです。

第7章

実践編
II
同会法

同会法は、二つの盤面を重ねる技法である

同会法というのは、二つの盤面を重ねて、関係性を見るという技法です。

たとえば、自分の年盤に、自分の月盤を重ねるとします。

一白水星の年、五黄土星の月に生まれたならば、一白を中心とした盤面と、五黄を中心とした盤面を重ね合わせるのです。

そうすると、

「離宮には五黄土星と九紫火星が合わさるな。離宮においては、火生土という関係だな」

「艮宮には、四緑木星と八白土星が重なるな。艮宮においては、木剋土という関係があるんだな」といったことがわかります。

これが、自分自身の年盤と月盤を合わせる場合です。

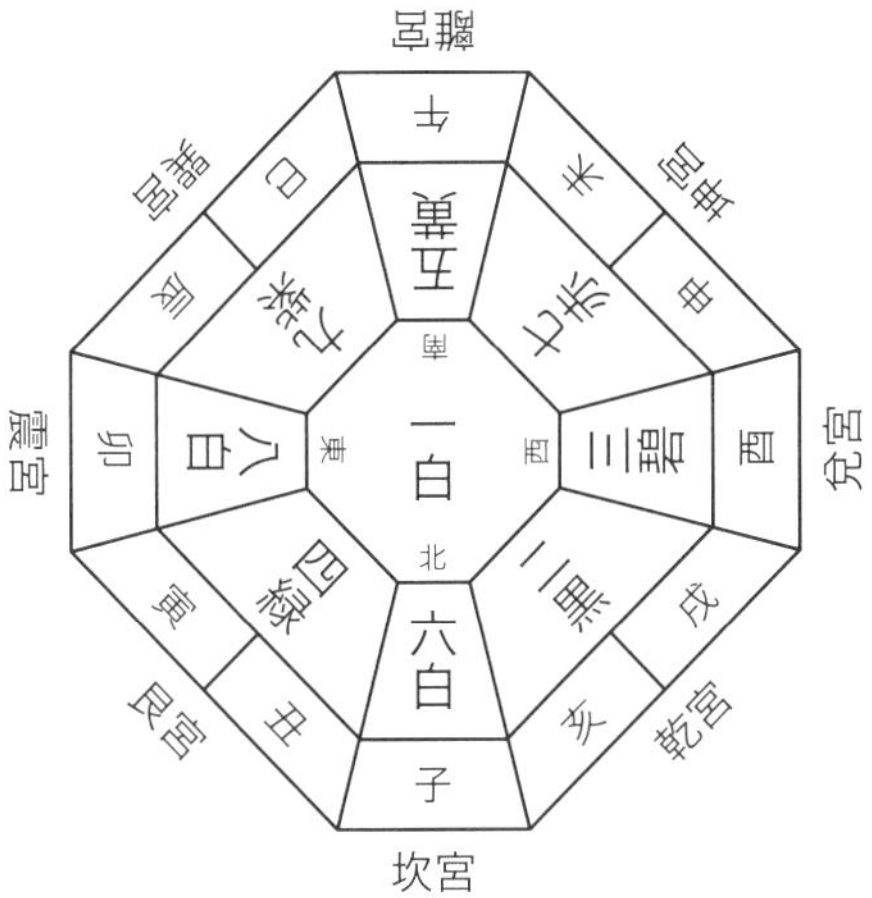
離宮
午
五黄
巽宮
巳
辰
九紫
坤宮
未
申
七赤
南
震宮
卯
八白
東
一白
西
三碧
酉
兌宮
北
四緑
二黒
寅
六白
戌
艮宮
丑
亥
乾宮
子
坎宮

+

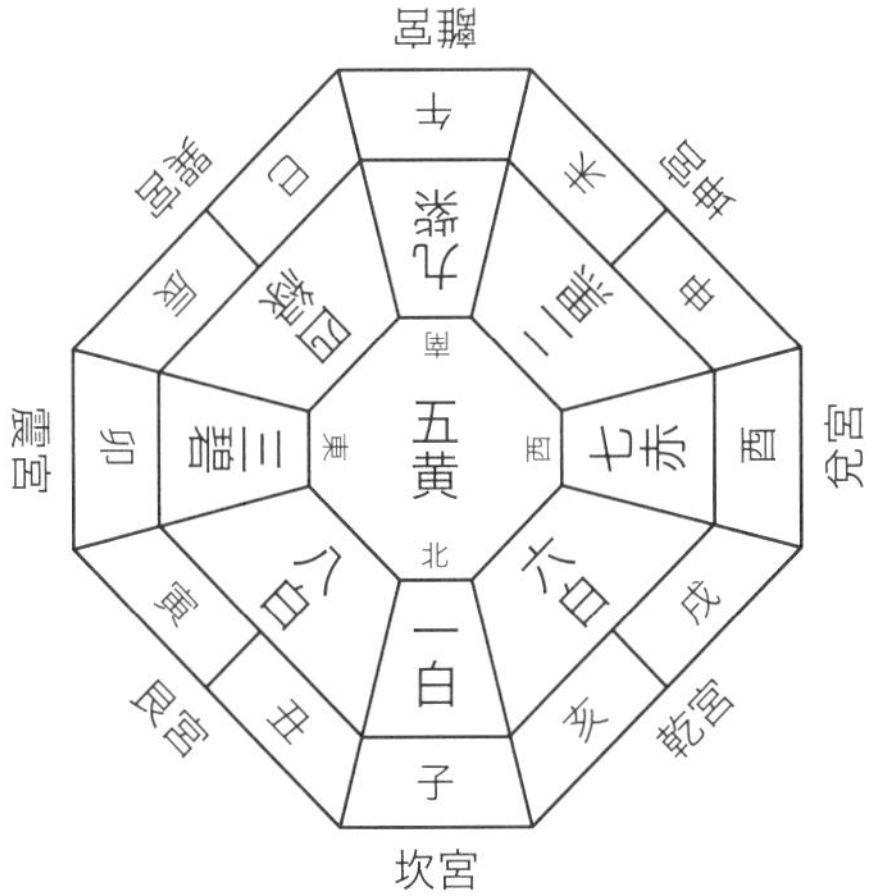
離宮
午
九紫
巽宮
巳
辰
四緑
坤宮
未
申
二黒
南
震宮
卯
三碧
東
五黄
西
七赤
酉
兌宮
北
八白
六白
寅
戌
一白
艮宮
丑
亥
乾宮
子
坎宮

また、二人の人の年盤を合わせる場合もあります。

たとえば、九紫火星を本命星に持つ人と、四緑木星を本命星に持つ人を比べると、次頁の図のようになります。

「坎宮においては、五黄土星と九紫火星なので、火生土の関係だな」といったことを見ることができます。

自分と相手の盤面を重ねる場合は、「相手の盤面の上に、自分の年盤を乗せる」ことを「同会」と言い、逆に、「自分の年盤の上に、相手の年盤を乗せられる」ことを「被同会」と言います。

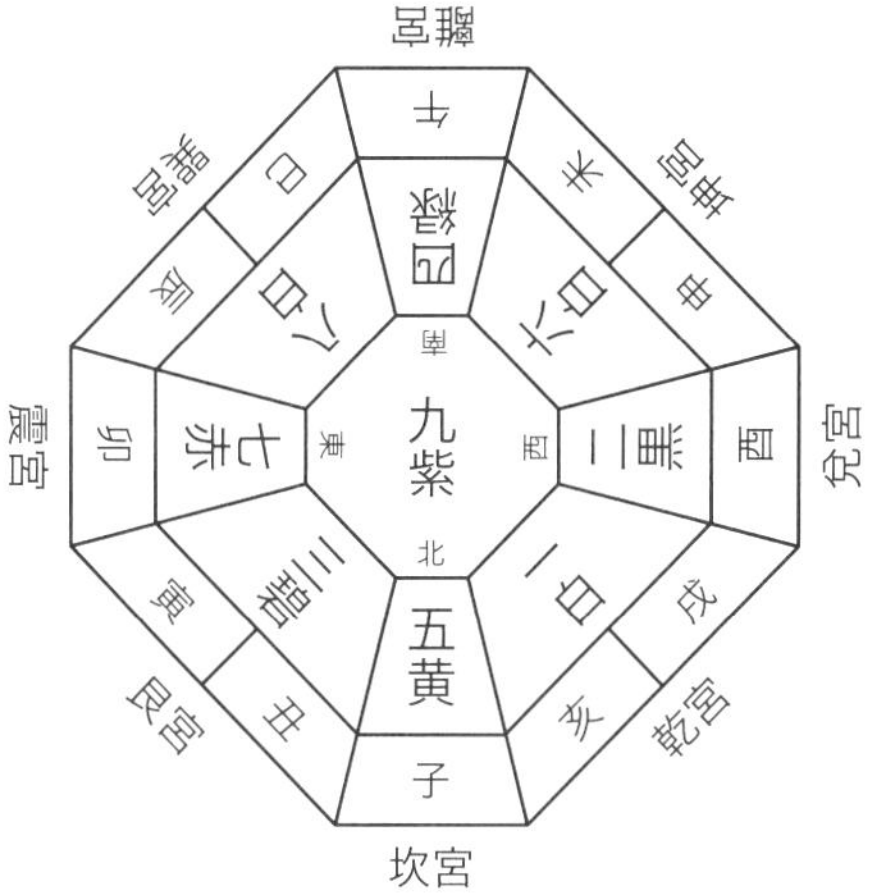
離宮
巽宮
坤宮
震宮
兌宮
艮宮
乾宮
坎宮
午
未
申
酉
戌
亥
子
丑
寅
卯
辰
巳
四緑
六白
二黒
一白
五黄
三碧
七赤
八白
九紫
南
西
北
東

＋

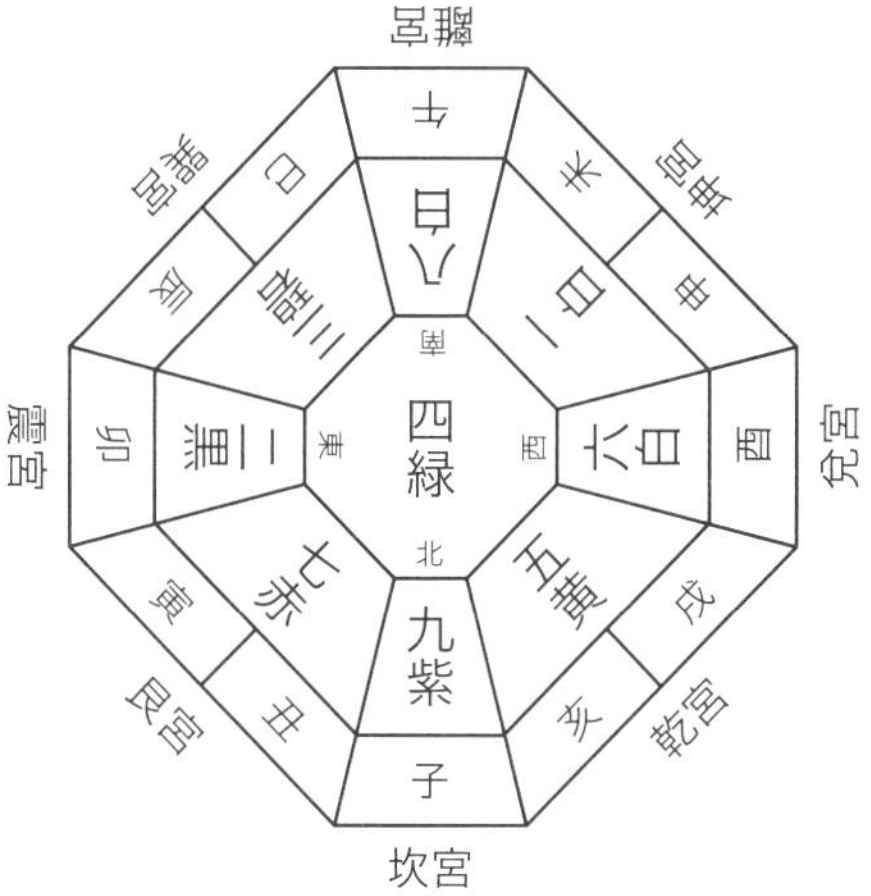
離宮
巽宮
坤宮
震宮
兌宮
艮宮
乾宮
坎宮
午
未
申
酉
戌
亥
子
丑
寅
卯
辰
巳
八白
一白
六白
五黄
九紫
七赤
二黒
三碧
四緑
南
西
北
東

同会法では、大きな盤の上に、小さな盤を乗せる

盤の重ね方には、ルールがあります。

常に、大きな盤が下、小さな盤が上というルールです。

つまり、

年運を見る場合……後天定位盤が下で、その上に年盤を乗せる。

月運を見る場合……年盤が下で、その上に月盤を乗せる。

日運を見る場合……月盤が下で、その上に日盤を乗せる。

刻運を見る場合……日盤が下で、その上に刻盤を乗せる。

刻運というのは、時刻における運勢です。

めったに使いませんが、「この日のこの時間に、これを行うのはどうか」ということを見るときに使うのです。

第 8 章

実践編
III
吉方位取り

最終奥義である吉方位取りをマスターしよう

さあ、いよいよ最終奥義である吉方位取りです。

三つの奥義の個人的な見解としては、

1. 傾斜法…相性診断で使う。
2. 同会法…ほとんど使わない。
3. 吉方位取り…引っ越しの時に、最大の威力を発揮する。

というイメージです。

傾斜法は、相性もわかり、自分の特性もわかるので、面白いのですが、人生が成功するか、しないかと言われたら、あまり関係がありません。

同会法も、今年の運勢がわかったりはするのですが、別に、その年の運勢が悪かろうがよかろうが、知ったところで何をするわけでもないので、さして意味はないというスタンスです。

「で、ぶっちゃけ、億万長者になれるの？　お金持ちになれるの？　人生で大成功するの？」というのが、一番大切だと考えています。

「占いは神聖なものだぞ。金儲けのために使うのか」と、お叱りを受けるかもしれません。

ですが、そもそも、成功していない占い師というのは、信用できません。

人を幸せにする職業、人を成功させる職業である占い師が、成功者ではないというのは、いかがなものかと思うわけです。

私が尊敬する、ある占い師の方は、トップレベルの人気があり、毎日行列が絶えなかったにもかかわらず、突然引退しました。

理由は、「彼氏に振られたから」でした。

「人を幸せにするはずの占い師が不幸になるなんて、人様を占う資格がない。だから、ここで引退する」

と言って、本当に引退してしまったのです。

彼女は、「人を占う以上、占い師こそ、誰よりも成功していなければおかしい」という信念の持ち主でした。

こんな彼女だったからこそ信頼していたという過去が、私にはあります。

なので、当たる、当たらないの占いというのは、正直、どうでもいいというのが本音です。

大切なのは、「で、成功できるの？」「で、お金持ちになれるの？」というところだと思うわけです。

その意味で、究極の奥義が「吉方位取り」なのです。

吉方位取りの技を知るためには、つまり、億万長者になって大成功する技を知るためには、十干十二支の知識も、九星の意味も知る必要があったということなのです。

すべては、一度きりの人生において大成功するために、占いは存在すると考えているからです。

あなたが成功していない理由は、吉方位取りをしていないからです。

意識的に、何年何月に、（できれば何日まで算出したいところです）、どの方位に引っ越せば、大成功できるのかということを、していないからです。

私は、正直なところ、才能レベルでは、ほかの人に劣っている人間だと思っています。

ですが、実績としては、年商一億円以上の会社を経営したり、年間ベストセラー一位の作家になれたりと、抜群の成果を残していると自負しています。

理由は何か。

はい。

適切なタイミングで、適切な方位に引っ越しをしているからです。

自宅ごと引っ越さない時も、吉方位に事務所を構えるようにしています。

あなたも、同じことができるようになれば、同じように成功できるというだけなのです。

吉方位と凶方位

方位には、二種類あります。吉の方位と、凶の方位です。
吉の方位は、引っ越しをすれば成功する方位であり、凶の方位は、引っ越しをしたらよくない方位です。

考え方としては、
1．凶の方位を算出する
2．消去法で、凶ではなかった方位のなかから、大吉方位、吉方位を選ぶ（半吉方位を避ける）
というのが、吉方位を算出するためのツーステップです。

1に関しては、このあと説明します。

ここでは、最初に2の大吉方位、吉方位、半吉方位について説明します。

あなたが二黒土星の場合を考えてみましょう。

二黒土星なので、あなたの五行は土です。

となると、大吉は、あなたを生じてくれる五行（生気）になりますので、「火生土」で、九紫火星の方位があれば、大吉方位となります。

吉方位は、自分と同じ土の方位（和気）ですので、八白土星の方位となります。

方位の場合は、五黄土星はすべてよくないと取るので、五黄土星の可能性はゼロになり、二黒土星の人の場合は、八白土星のみが、和気となります。

半吉方位は、自分から気が洩れ出てしまう（自分の気が吸い取られてしまう）方位（洩気）で、土生金なので、六白金星、七赤金星の方位が半吉です。

なぜ半吉で、凶ではないのかというと、凶方位よりはまだいいからです。

吉方位取りの何が難しいかというと、算出していけばいくほど、一年に二度くらいしか、引っ越しのチャンスがなくなるからです。

「どうしても今年中に引っ越さなければいけない」「突然の転勤だ」という場合もあるでしょう。

その場合は、半吉方位でも仕方がないと捉えてください。

もちろん、大吉か吉がいいに決まっているのですが、吉方位取りに詳しくなればなるほど、「数年に一度しか、引っ越しのチャンスがないじゃないか」ということになってきます。

妥協案も持ち合わせていないといけないのが、吉方位取りなのです。

たとえば、九紫火星の年に引っ越しをするのであれば、できれば、そのなかで九紫火星の月に引っ越したほうがいいということになります。

そうなると、年に一度か二度しかチャンスはありません。

そのなかで、大吉方位も吉方位もないとするなら、半吉方位でもよしとするべきだと考えるわけです。

では、例題にいきましょう。

例題1

一白水星の人が引っ越しをするときの大吉方位、吉方位、半吉方位は？

水を生じてくれるのは、金生水なので、六白金星と七赤金星の方位が、大吉方位。
水は一白水星しかないので、吉方位はないことになります。
半吉方位は、水生木なので、三碧木星と四緑木星が半吉方位です。

例題2

九紫火星の人が引っ越しをするときの大吉方位、吉方位、半吉方位は？

火を生じてくれるのは、木生火なので、三碧木星と四緑木星が大吉方位。
火は九紫火星しかないので、吉方位はなし。
半吉方位は、火生土なので、二黒土星と八白土星が半吉方位となります。

これは、永遠に変わらない方位です。

では、図にしてみましょう。

最大吉方位の出し方

さらにもう一歩踏み込んで、最大吉方位というものが存在します。

それは、年の九星にとっても大吉で、月の九星にとっても大吉の方位です。

どうやって算出するかというと、本命星（年の九星）にとっての生気、和気、洩気（退気）を出します。

次に、月の九星（月命星）にとっての、生気、和気、洩気（退気）を出します。

月命星	本命星	
六白金星	五黄土星	**九星**
二黒土星、八白土星	九紫火星	**生気**
七赤金星	**二黒土星、八白土星**	**和気**
一白水星	六白金星、七赤金星	**洩気**

そして、その二つから共通する九星を取り出すのです。

たとえば、本命星（年の九星）が五黄土星、月の九星（月命星）が六白金星の人がいたとします。

こうしてみると、二黒土星と八白土星が共通しています。

よって、本命星（年の九星）が五黄土星、月の九星（月命星）が六白金星の人にとっては、二黒土星と八白土星の方位が、生涯を通じての最大吉方位となります。

六大剋気（凶殺）を知ることで、凶方位を避けられる

吉方位取りで大切なのは、最大吉、大吉、吉、半吉方位に引っ越しをすることよりも、凶の方位に引っ越しをしないことです。

大切なのは、「凶方位を避ける」ということのほうです。

まず、凶方位を避けて、そのあとに、最大吉方位、大吉方位、吉方位、半吉方位と

いう優先順位で、引っ越しをするということです。

では、凶方位とはどんな方位なのでしょうか。

凶方位には、次に挙げる七種類ありますが、そのなかでも「六大剋気（凶殺）」というものがありますので、まずは六大剋気を覚えましょう。

五黄殺《ごおうさつ》

五黄殺とは、その年の五黄土星が入っている方位です。

なぜ、五黄土星がよくないのかというと、黄土の土は、じわじわとすべてを腐らせてしまうと考えられているからです。

知らないうちに病気が進行したり、知らないうちに株やギャンブルをしてお金が無くなってしまったりと、自分で自分を傷つけてしまう方位だと言われています。

暗剣殺《あんけんさつ》

暗剣殺は、五黄殺とセットで覚えてください。

暗剣殺は、その年の五黄殺の向かい側の方位です。

五黄殺が北なら、暗剣殺は南。五黄殺が北東なら、暗剣殺は西南です。

五黄殺が自分で自分を傷つけてしまう方位なら、暗剣殺は、ほかの何かによって、自分が傷つけられてしまう方位です。

事故に巻き込まれてけがをしたり、盗難にあったり、連鎖倒産の対象になったりと、自分は悪くないのに、向こうから悪いことがやってくるのが暗剣殺です。

暗闇から突然刺されるというイメージで、突発的に悪いことに巻き込まれるのが暗剣殺なのです。

本命殺《ほんめいさつ》

本命殺は、自分の九星と同じ方位です。

あなたが二黒土星なら、本命殺は二黒土星の方位です。

あなたが一白水星ならば、一白水星の方位が本命殺になります。

本命星が五黄土星の人は、本命殺も五黄殺も、五黄土星になります。

本命殺は、自分から災難に飛び込んでしまう方位です。

本命殺の方位へ引っ越しをして病気になってしまった場合は、自分から病気に飛び込んでいったという解釈になります。

本命的殺《ほんめいてきさつ》

本命的殺も、本命殺とセットで覚えましょう。

本命殺とは、反対の方位を指します。

本命殺が東ならば、本命的殺は西になります。

本命殺が自分から「災難」に飛び込んでいくのに対して、本命的殺は、名誉の失墜、絶望などの「精神的な苦しみ」に飛び込んでいくことになります。

本命的殺も、当然ですが、避けなければいけません。

歳破《さいは》（歳破殺）

歳破殺は、通称、歳破と呼ばれます。

歳破は、その年の干支と、反対側の方位に行くことを指します。

子《ね》の年であれば、反対側は午《うま》なので、午＝南が、その年の「歳破」となります。

歳破は、特にビジネスにおいてよくないことが起きると言われています。

ビジネスにおいて、約束を破ってしまったり、目標を立てたにもかかわらず、自ら放棄してしまったりすると言われています。

また、歳破の方角に引っ越してしまうと、引っ越しをした四年後、七年後、十年後にも、よくないことが起きるとされています。

歳破の方角も、避けたほうが賢明です。

月破《げっぱ》(月破殺)

月破殺は、通称「月破」と呼ばれます。

その月の干支のある方位と、反対側の方位を指します。

2月のことを、寅月と呼びます。

寅の反対側の方位なので、2月の場合は、未《ひつじ》の方位が月破となります。

十干十二支のときに出てきた、「冲」が月破です

歳破

年の干支	子	丑・寅	卯	辰・巳	午	未・申	酉	戌・亥
方角	北	北東	東	東南	南	南西	西	北西
歳破の方角	南	南西	西	北西	北	北東	東	東南

（こういうことがすぐに出てこなければいけないので、十干十二支の暗記が必要だったわけです）。

月破の方角は、意味に関しては、歳破と同じだと考えてください。約束を守れなかったり、目標を設定しても、自らが破ることになったりする方位です。

月破の方位に引っ越しをすると、四か月後、七か月後、十か月後によくないことが起きると考えられています。

次頁の表に、月破の方位をわかりやすく示しましたので、何月何日の時には、月破がどこなのかというのを見てみてください（もちろん、２月３日は１月と取ったりすることが必要になってきますので、注意が必要です）。

月破の方位

月	干支	時期	月破の方角
2月	寅	2月4日～3月5日	南西
3月	卯	3月6日～4月4日	西
4月	辰	4月5日～5月5日	北西
5月	巳	5月6日～6月5日	北西
6月	午	6月6日～7月7日	北
7月	未	7月8日～8月5日	北東
8月	申	8月6日～9月7日	北東
9月	酉	9月8日～10月7日	東
10月	戌	10月8日～11月6日	南東
11月	亥	11月7日～12月6日	南東
12月	子	12月7日～1月5日	南
13月（1月）	丑	1月6日～2月3日	南西

小児殺は、存在だけ知っておこう

凶方位には七種類あるといいましたが、六大剋気のほかに、もう一つだけ、よくない方位があります。

それが、小児殺と呼ばれるものです。

大人には、まったく支障がありませんが、満四歳以下の子ども、もしくは体の弱い七歳未満の子どもに関してだけ凶方位になるのが、小児殺です。

「子どもの具合が悪く、子どものために引っ越しをしたい」という場合にのみ、使う方位です。

ただし、めったに使いませんので、ここではご紹介するだけにとどめます。

土用殺は、年に四回ある！

さらに、土用殺というものが、存在します。

春土用↓毎年「立夏」の前の約18日間：毎年4月17日前後〜5月5日前後（5月の月変わり前日）まで

夏土用↓毎年「立秋」の前の約18日間：毎年7月20日前後〜8月6日前後（8月の月変わり前日）まで

秋土用↓毎年「立冬」の前の約18日間：毎年10月20日前後〜11月6日前後（11月の月変わり前日）まで

冬土用↓毎年「立春」の前の約18日間：毎年1月17日前後〜2月3日前後（11月の月変わり前日）まで

これは、土が五黄土星を表しているので、この時期には、引っ越しをしないほうがいいとされる日程です。なので、この時期の引っ越しも避けたほうが賢明です。

吉方位の算出法

お待たせしました。いよいよ、吉方位の算出方法に入ります。
こちらも、例題と一緒のほうがわかりやすいので、例題から見ていきます。

例題1

2018年（九紫火星の年）に、九紫火星の本命星、七赤金星の月命星の人が、吉方位取りをしたい。どの方角に引っ越しをするべきか？

まず、真ん中に九がある、九紫火星の年盤を見ます。

八	四	六
七	九	二
三	五	一

次に、五黄殺、暗剣殺に×を付けます。


次に、本命殺、本命的殺に×をつけます。

この場合は、九紫火星の人が、九紫火星の年に引っ越しをするので、本命殺も本命的殺もないことになります。

行ける方位が多いので、ラッキーですね。


次に歳破です。

二〇一八年は戌年なので、戌は北西を指すので、東南が歳破です。

歳破に×を付けます。


では、何月に引っ越すのがいいのか。

九紫火星の年なら、九紫火星の月に引っ越す方が、その

八	四 (×)	六
七	九	二
三	五 (×)	一

八 (×)	四 (×)	六
七	九	二
三	五 (×)	一

年の運気を取れますので、九紫火星の月を見ます。

九紫火星の月は7月なので、7月に引っ越しをするのがいいでしょう。

こだわる人は、さらに、日の九星まで見ます。

万年暦などで調べると、7月7日（土）と、7月16日（月）の二日だけが、九紫火星の日です。

九紫火星の年、九紫火星の月、九紫火星の日に引っ越すとなると、二回しかチャンスがないということになります（土日休みの方は、7月7日に。平日休みの方は7月16日に引っ越すことになるわけです）。

つまり、2018年においては、二日しか引っ越しに適した方位はなかったのです。引っ越し業者は、すぐに予約で埋まってしまう場合がありますので、早めに予約をする必要があったはずです。

さらに、時刻の九星にこだわる方もいます。

序章 気学とは何か
第1章 気学はどのようにして発生したのか
第2章 陰陽五行説
第3章 十干と十二支
第4章 自分の九星の出し方
第5章 九星の象意を知る
第6章 実践編Ⅰ 傾斜法
第7章 実践編Ⅱ 同会法
第8章 実践編Ⅲ 吉方位取り

せっかくならば、九紫火星の年、九紫火星の月、九紫火星の日、九紫火星の時刻に引っ越したいというわけです。

九紫火星の時刻に関しては、174頁の表を見てください。

丑の年の九紫火星の時刻は、午の刻（午前11時から午後12時59分）までか、酉の刻（午後5時00分から午後6時59分）がいいことになります。

ここで問題が起きるのですが、引っ越し業者に頼む時刻をこの時刻にすべきなのかということです。

つまり、何を持って、「引っ越しをした」とみなすのかということです。

これも流派によってさまざまなのですが、石井流では、「新しい家に、荷物の搬入が終わった時刻」と取ります。

あなたが新居に到着した時刻でもなければ、古い家から引っ越しの荷物が運び出された時刻でもありません。

荷物のほぼすべてが、到着した時刻で、引っ越しが完了したとみなします。

なので、引っ越す場所が遠ければ、移動時刻も計算する必要があります。

青森から鹿児島に引っ越すとなると、二日前には今の家を空にして、「すみません。7月7日の土曜日の午前11時から午後12時59分までに、荷物の搬入をすべて終えてくれませんか？」というオーダーをすることになります。

一時間以内で、即日に引っ越しが完了する移動距離であれば、二時間前の午前8時には、引っ越し業者に家に来てもらっている状態が望ましいでしょう。

事前に引っ越し業者に見積もりを依頼するときに、何分で片付けが終わりそうか、何分で新居に到着しそうなのかまで、聞いておく必要があります。

さらに言えば、道路が渋滞していることも、土曜日の場合は考えなければいけません。

このあたりの頃合いが、最終調整として難しくなってくるのが、吉方位取りです。

面白いと取るか、面倒くさいと取るかは人それぞれなのですが、私は、こういうところが、吉方位取りの一番面白いところだと思っています。

寅巳 申亥	丑辰 未戌	子卯 午酉		寅巳 申亥	丑辰 未戌	子卯 午酉
三碧	六白	九紫	午後11時～ 午前1時	七赤	四緑	一白
二黒	五黄	八白	午前1時～ 午前3時	八白	五黄	二黒
一白	四緑	七赤	午前3時～ 午前5時	九紫	六白	三碧
九紫	三碧	六白	午前5時～ 午前7時	一白	七赤	四緑
八白	二黒	五黄	午前7時～ 午前9時	二黒	八白	五黄
七赤	一白	四緑	午前9時～ 午前11時	三碧	九紫	六白
六白	九紫	三碧	午前11時～ 午後1時	四緑	一白	七赤
五黄	八白	二黒	午後1時～ 午後3時	五黄	二黒	八白
四緑	七赤	一白	午後3時～ 午後5時	六白	三碧	九紫
三碧	六白	九紫	午後5時～ 午後7時	七赤	四緑	一白
二黒	五黄	八白	午後7時～ 午後9時	八白	五黄	二黒
一白	四緑	七赤	午後9時～ 午後11時	九紫	六白	三碧

「吉方位取りに命を懸けているんです！」と引っ越し業者に言うと、「それなら、こちらも命がけで頑張ります！」と言っていただけるものです。

吉方位は、その年でも二日くらいしかできません。

大成功して、大金持ちになるためであれば、そのくらいのピンポイントは、当然のごとく狙うべきだと思うのですが、いかがでしょうか。

ここまでやるから成功する、というのが、吉方位取りの奥義なのです。


さて、やっと日程と時刻が確定できました。

ここで、月破の登場です。

7月は未月なので、北東が月破になります。北東に×を付けます。


なんとラッキーな九紫火星でしょうか。

八（×）	四（×）	六
七	九	二
三（×）	五（×）	一

九紫火星の人は、東、西、北西、南西の四方位に引っ越すことができることがわかります。

これほど多く方位が取れるのは、とても素晴らしいことです。

四緑木星の人と、五黄土星の人も、九紫火星と同じ吉方位が取れます。

ちなみに、二黒土星の方ですと、本命殺が西、本命的殺が東なので、南西と北西にはいけます（七赤金星の人も、本命殺と本命的殺が逆になるだけなので、取れる方位は同じです）。

三碧木星の方と、六白金星の方は、東と西、北西が吉方位ということになります。

一白水星の方と、八白土星の方は、東、西、南西が吉方位ということになります。

向こう十年の引っ越し日を知っておこう

引っ越しをするなら、九紫火星の年、九紫火星の月、九紫火星の日など、すべてが揃っている日がいいと言いました。

ならば、すでに暦を見れば、引っ越しをすべき日というのは、算出されているわけです。

本当はここに書き記したいのですが、これも勉強です。

自分で調べて、埋めてみてください。

奥義なので、自分で調べてこそ、価値があります。

私が調べて書いてしまうと、「ああ。この日程なんだな」と、吉方位取りを軽く考えてしまう人が出てきますので、ここはあえて、苦労してください。

私の弟子の方にも、自分自身で調べていただくことにしています。

西暦（すべて2.4～翌年の2.3）	年の九星	九星の月	九星の日（引っ越し日）
2017	一白水星	9月	12、21、30日
2018	九紫火星	7月	7日、16日
2019	八白土星		
2020	七赤金星		
2021	六白金星		
2022	五黄土星		
2023	四緑木星		
2024	三碧木星		
2025	二黒土星		
2026	一白水星		
2027	九紫火星		

方位は、東西南北は30度、それ以外は60度で取る

ここで、方位の取り方のご説明をします。北に行けばいいんだなと言って、方位磁石通りの北の90度の範囲を取ってしまってはいけません。

風水の世界では、東西南北は30度、それ以外は60度で取るというルールがあります。

これは、気学の創設者の園田真次郎先生が、実際に吉方位取りをして確かめたところ、方位磁石の通りではなく、東西南北は30度にしたほうがいいということがわかったため、気学の世界では、東西南北は30度

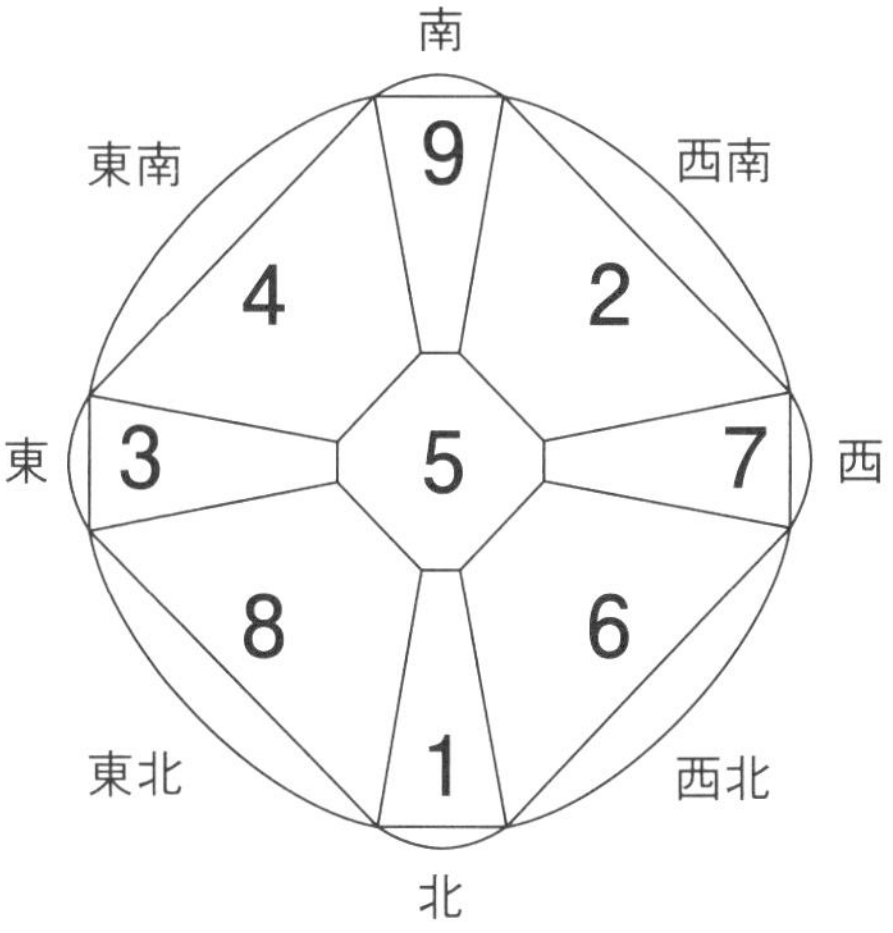

にするというルールになっています。

見るときも、南を上に見ます。

方位磁石だと、北が上だと言うのが当たり前ですが、風水では、南が上なのが当たり前です。

この風水の感覚に、慣れていただけたらなあと思っています。

方位の効能を知る

方位には、効能があります。

北……………財産の安定。すでにある財産が確固たるものになり、さらに上昇する。

北東………一発逆転。試験でも、偏差値が低い状態から一流大学に合格することもある。貧乏な状態から、一発逆転をして億万長者になりたい場合に、この方位を使う。

東……太陽が昇る場所なので、新しい情報が入ってくる。発明家・作家・マスコミ業などのクリエイティブ性を高めたい職業の場合に、この方位を取る。

東南……巽の方位は、恋愛運アップとして有名。恋人がほしい、結婚相手がほしいというときに、使う。

南……太陽の光がパッと開くように、頭脳明晰になります。そもそもの頭脳をよくしたいという場合に、太陽の気をもらいます。先を予測する先見性もアップします。性格も明るくなるでしょう。

南西……母を表す坤の場所なので、家庭円満、家庭安泰を目指す場合は、この方位を取りましょう。よい不動産の話が舞い込んでくることもあるので、不動産会社を経営している方には、オススメの方位です。

西……稲穂が実るイメージです。食欲が出て、楽しい毎日になります。「毎日がつまらない」というのであれば、西の吉方位取りをすれば、楽しい毎日が待っているはずです。精神的にもゆとりが生まれるでしょう。

北西……やる気がアップします。決断力も増し、リーダーの資質が増します。独立運も上がります。会社員の方は、この方位に引っ越しをすると、出世もしますし、独立もできるようになるはずです。

さらに詳細に調べたい場合は、北に一白が入っている場合、北に二黒が入っている場合と、細かく見ていくこともできますので、引っ越しが決まったら、ご自身で調べてみてください。

方位に加えて、九星の象意も入ることになりますので、より詳しくわかるでしょう。

方位には、それぞれ効果があり、さらに年によって、定位盤における九星の位置が変わります。これが吉方位取りの面白さです。

あなたの現在のステージによって、どの方位に引っ越すか、選ぶことができます。独身で、恋愛運を上げたいなら東南ですし、すでに結婚していて家庭を安泰にしたいのであれば南西がいいでしょう。

「お金がなくて困っているんです。お金が欲しい！」というのであれば、一発逆転の北東ですし、「すでにお金はある程度あるんだけど、もっと増やしたい」というのであれば、北に引っ越しをするわけです。

とはいえ、その年によっては、北東に引っ越せない年もありますし、東南に引っ越せない年もあるというのが、気学です。

年に引っ越しができる日も、二～四回くらいしかありません。

引っ越しができる方位もピンポイントならば、引っ越しができる日程もピンポイントだというのが、気学の奥義です。

あなたも、吉方位取りをして、ぜひ、一度きりの人生で大成功してください。

吉方位は、あなたの願いをかなえてくれるものなのです。

あとがき

成功はスタートに存在する

「成功は、ゴールではなく、スタートに存在する」（中谷彰宏）という言葉があります。

「結果がすべてだ。成功は結果（ゴール）に存在するんだ」と考えている人は多いと思いますが、そうではありません。

成功は、スタートに存在するものです。

たとえば、イチロー選手の成功は何でしょうか？

「大リーグで活躍したことだ」と多くの人が思っています。

違います。

そもそも、ほかのスポーツではなく、野球を始めたことです。

もし、彼が、サッカーをしていたら日本代表になれたのか？　ゴルフをしていたらプロゴルファーになれたのか？　というと、そんなことはないはずです。

だとしたら、彼の成功は、「そもそも野球を始めたこと」にあるのです。

テニスの錦織圭選手の成功した理由は、そもそもテニスを始めたことです。

野球だったら甲子園に行けたのか？　プロ野球選手になれたのか？　というと、そうではないはずです。

囲碁でも将棋でもなく、テニスだったからこそ、成功したのです。

「これをやれば成功するという職業」のことを、私は「スイートスポット」と呼んでいます。

テニスのラケットの中央部分のことをスイートスポットと言いますが、当たれば一番遠くまで飛ぶ、ピンポイント部分のことです。

イチロー選手にとっては、野球がスイートスポット、錦織圭選手にとってはテニスがスイートスポットです。

あなたが成功していない理由は、簡単です。

スイートスポットが見つかっていないから、スイートスポットの職業についていないから、成功していないのです。

どれだけ努力をしたとしても、スイートスポットではない職業についていたら、成功するのは困難です。

将棋の羽生名人が、毎日頑張って卓球の練習をしているようなもの。ボクシングのモハメド・アリが毎日朝から晩までチェスのトレーニングをしているようなものです。

人には、スイートスポットと呼ばれる職業が、最低三つはあると言われています。

その三つの職業のうちのどれか一つ（もちろん、三つすべてを同時にしても構いません）で頑張れば、成功できるのです。

「はしごを登る前に、まず、そのはしごが正しい場所にかかっているかどうかを確かめなさい」（コヴィー）という言葉のように、間違ったはしごを一生懸命登っても、間違った場所にたどり着いてしまうだけです。

私は、スイートスポットの算出方法をある占い師の先生から受け継いだ唯一の伝承者で、現在は、自分の弟子に「スイートスポット理論」を継承しています。

スイートスポットの職業についている状態で、吉方位に引っ越さないと、もったいないです。

もしあなたがスイートスポットではない普通の会社員のままだとしたら、たとえ、吉方位に引っ越したとしても、給料は変わりません。

もちろん、恋愛運が上がったりする効果は得られるかもしれませんが、それだけです。

せっかくなら、「この職業で成功する」とわかっている職業で、吉方位取りをしてください。

作家がスイートスポットならば、吉方位取りをしたら、すぐにベストセラーが出るかもしれませんし、会社経営がスイートスポットならば、いきなり数千万円の利益が上がるかもしれません。

スポーツ選手がスイートスポットならば、日本代表に選ばれるかもしれないのです。


「吉方位取りをしたのに、成功しなかった」というケースは、そもそも就いている職業が間違っているというケースが大半です。

エジソンが吉方位取りをしたとしても、いい発明品のアイデアは浮かぶでしょうが、柔道の世界チャンピオンになることはできません。

マイケル・ジャクソンが吉方位取りをしたとして、曲が売れるようにはなるかもしれませんが、マイク・タイソンよりもボクシングが強くなることは、あり得ないのです。


本書では、紙数の関係で「スイートスポット理論」について触れることはできませんでしたが、いつかスイートスポットについても一冊書き上げたいと思っています。

ちなみに、私のスイートスポットは、作家・起業家・国会議員です（とはいえ、国会議員に関しては、やる気はないのですが）。

だから私は、こうして本を書いているわけです。

あなたのスイートスポットは何でしょうか。

それがわかれば、あとは吉方位取りをするだけで、成功できるのです。

参考文献

氣学大全――人生の道しるべ 基礎から鑑定まで〔増補改訂版〕 喜嶋帝童著 西田書店
気学傾斜法入門――盛運へのガイダンス 富久真江・富久加奈子共著 富久純光監修 東洋書院
九星方位気学入門 田口二州著 ナツメ社
易経〈上〉〈下〉 高田眞治・後藤基巳訳 岩波文庫
すぐに役立つ銭流「易経」 銭天牛著 棋苑図書
黄小娥の易入門 黄小娥著 サンマーク出版
1分間易入門 石井貴士著 パブラボ

【著者紹介】
石井貴士（いしい・たかし）
1973年愛知県名古屋市生まれ。私立海城高校卒。代々木ゼミナール模試全国1位、Z会慶應大学模試全国1位を獲得し、慶應義塾大学経済学部に合格。1997年信越放送アナウンス部入社。2003年㈱ココロ・シンデレラを起業。日本メンタルヘルス協会で心理カウンセラー資格を取得。『本当に頭がよくなる　1分間勉強法』（KADOKAWA）は57万部を突破し、年間ベストセラー1位を獲得（2009年　ビジネス書　日販調べ）。現在、著作は合計で81冊。累計200万部を突破するベストセラー作家になっている。

［石井貴士公式サイト］
https://www.kokorocinderella.com/
［1分間勉強法公式サイト］
https://www.1study.jp/
［周易入門マスターパッケージ］
http://www.1eki.com
［1分間九星気学入門マスターパッケージ］
http://www.kokorocinderella.com/1kigaku

最初からていねいに学ぶ
1分間九星気学入門

2018年 12 月12 日　初版発行

著　者――石井貴士（いしい・たかし）
装　幀――重原　隆
編　集――初鹿野剛
本文DTP――Office DIMMI

発行者――今井博揮
発行所――株式会社太玄社
TEL 03-6427-9268　FAX 03-6450-5978
E-mail:info@taigensha.com　HP:http://www.taigensha.com/

発売所――株式会社ナチュラルスピリット
〒101-0051　東京都千代田区神田神保町3-2　高橋ビル2階
TEL 03-6450-5938　FAX 03-6450-5978

印刷――中央精版印刷株式会社

ISBN 978-4-906724-43-7 C0011
Printed in Japan